YIQING LI
DUDONG
ZHONGGUO   金思政———编著

疫情里读懂中国

天津出版传媒集团

天津人民出版社

图书在版编目(CIP)数据

疫情里读懂中国 / 金思政编著. -- 天津：天津人民出版社, 2020.8
ISBN 978-7-201-16283-6

Ⅰ.①疫… Ⅱ.①金… Ⅲ.①思想政治教育-中国-学习参考资料 Ⅳ.①D64

中国版本图书馆 CIP 数据核字(2020)第 139045 号

疫情里读懂中国

YIQING LI DUDONG ZHONGGUO

出　　版	天津人民出版社
出 版 人	刘　庆
地　　址	天津市和平区西康路 35 号康岳大厦
邮政编码	300051
邮购电话	(022)23332469
网　　址	http://www.tjrmcbs.com
电子信箱	reader@tjrmcbs.com

责任编辑　郑　玥　王　琤　王佳欢　林　雨
特约编辑　安　洁
装帧设计　郭亚非
版式设计　王　烨

印　　刷	天津新华印务有限公司
经　　销	新华书店
开　　本	787 毫米×1092 毫米　1/16
印　　张	18.5
插　　页	2
字　　数	180 千字
版次印次	2020 年 8 月第 1 版　2020 年 8 月第 1 次印刷
定　　价	56.00 元

序

2020年初暴发的这场突如其来的新冠肺炎疫情，既是一次严重的全球公共卫生突发事件，也是世界各国面临的一次"大考"。作为这次抗疫斗争的见证者、亲历者，我深感打赢疫情防控阻击战的艰辛历程，深知抗疫斗争取得重大战略成果的来之不易。对于全体中国人而言，抗疫斗争是一场特殊的国情教育。

抗疫是一次危机大考。重大危机是考验执政党执政理念、执政效能的试金石。中国共产党和政府坚持把人民生命安全和身体健康放在第一位，"应收尽收、应治尽治"，"千方百计救治每一位患者"，以坚定果敢的勇气，采取最全面最严格最彻底的防控措施，打响疫情防控的人民战争、总体战、阻击战，取得了重大战略成果，充分彰显了中国共产党领导和中国特色社会主义制度的显著政治优势，也是中国共产党核心价值观、人民至上的生动实践。中国秉持人类命运共同体理念，加强与国际社会合作抗疫，推动构建人类卫生健康共同体，充分彰显了大国责任担当。

抗疫是一面最好的镜子。这既是一次制度大比拼,也是一次治理大检验。面对疫情,美国政党纷争走向极化,决策效率低下,陷入制度失灵、管理失效、社会失序的混乱局面,折射出美国长期存在的社会撕裂、贫富分化、种族歧视、弱势群体权益保障不力等突出问题。美国通过政治操纵,不遗余力地恶意"污名化"抹黑中国,极力转移和推卸自身抗疫不力的责任,触及了人类良知和伦理底线,凸显了"美式人权"的双重标准和深层危机。

抗疫是一部生动的国情教育教材。中国抗疫实践就是一门生动的思政课程,我曾提出这是一门没有学分的课,叫"如何面对艰难时刻"。抗疫一线成为年轻一代活跃的战场,战"疫"群体中"80后"是中坚,"90后"是先锋,"00后"是新锐,他们用一分热发一分光,在与病毒的勇敢斗争中书写了一曲感人至深、壮丽多彩的青春之歌。实践证明,这一辈年轻人是可信赖、可依靠的一代,已经成长壮大为为祖国和人民建功立业的新生代骨干力量。通过讲好讲透抗疫思政课这门鲜活教材,用榜样感染青年学生,将抗疫力量转化为育人力量,使之成为立德树人、培根铸魂的重要内容和鲜活案例。

抗疫是一笔特殊财富。这次抗击疫情行动,是世界百年未有之大变局中的一个关键节点和推力,深刻地引发了每个国家、每个民族的震动和思考,其意义已经远远超出了疫情和抗疫行动本身。抗疫还未结束，我国疫情防控和经济社会发展仍面临巨大挑战。但我们相信，这场伟大斗争实践，以及在斗争实践中积累的抗疫经验、淬炼的抗疫精神、凝聚的抗疫力量，必将会给中国人民留下一笔丰厚的新时代精神资产，它的深刻历史意义和巨大的时代作用将载入中华民族史册，激励教育后世，并将在世界现代史上留下改变历史发展进程的重重一笔。

担当中见情怀。天津市高校 8 位青年思政课教师怀着强烈的责任感和使命感，共同策划撰写了《疫情里读懂中国》这本通俗理论读物，并盛情邀请我为之作序。有幸的是，5 月 12 日我受邀参加天津市大中小学"抗疫第一课"专题报告会并作首场报告，引起广大师生积极反响和热情鼓励，于是欣然答应了他们的请求。该理论读物从领袖、政党、制度、人民、英雄、文化、未来的视角，在讲述故事中阐明深刻道理，在中西对比中引发深入思考，有助于我们更好透过战"疫"读懂中国制度之优、中国效率之高、中国力量之大、中国文化之深，读后很有裨益。我郑重地向广大青年及社会各界人士推荐这本值得认真一读的好读物。

中国工程院院士
天津中医药大学校长
中国中医科学院名誉院长

目 录
Contents

01. 危急时刻当机立断 ……………………… 001

02. 把人民放在心中最高位置 ……………… 012

03. 始终和人民在一起 ……………………… 021

04. 大疫当前的战略定力 …………………… 031

05. 党的领导是抗疫胜利的根本保证 ……… 043

06. 宝坻十二时辰 …………………………… 050

07. "我是党员，我先上！" ………………… 055

08. 共产党员李文亮 ………………………… 059

09. "人民立场"还是"资本立场" ………… 065

10. "生命"还是"选票" …………………… 074

11. "肝胆相照"还是"倾轧相争" ………… 085

12. "加强纪律性，革命无不胜" …………… 095

13. "火神山"见证中国力量 ············· 102

14. "武钢二院"背后的故事 ············· 110

15. "我的亲人得病了，共产党给治好了！" ········· 115

16. "霍乱"时期的漂泊 ················ 123

17. "全国一盘棋"还是"各自为战" ········ 132

18. "手中有粮，心中不慌" ············ 139

19. 国企的战"疫"担当 ·············· 144

20. 民企抗疫真"硬核" ·············· 153

21. "直面短板"还是"急于甩锅" ········ 161

22. 严守疫情防控的"第一道防线" ······· 171

23. 武汉日记由人民书写 ············· 178

24. 宅在家里做贡献 ················ 183

25. 新时代最可爱的人 ·············· 188

26. 中国人的每一天都在感恩中度过 ······ 192

27. 新时代的中国青年可堪大任 ········· 196

28. 伟大出自平凡 ················· 200

29. 战"疫"中最亮的星 ············· 208

30. 战"疫"中的"她力量" ··········· 214

31. 崇尚英雄才会产生英雄 争做英雄才能英雄辈出 ········ 219

32. "江南无所有，聊赠一枝春" ·················· 226

33. "中医传千古，大疫出良方" ·················· 231

34. "万众一心加油干，越是艰险越向前" ·················· 239

35. "山川异域，风月同天" ·················· 247

36. 中国终结"历史终结" ·················· 255

37. 生于忧患 死于安乐 ·················· 259

38. 化危为机谋发展 ·················· 262

39. 推动构建人类命运共同体 ·················· 267

40. 在大变局中走向伟大复兴 ·················· 275

后 记 ·················· 284

01

危急时刻当机立断

2019 年 12 月底，一种未知病毒出现在武汉，威胁着人民群众的生命安全和身体健康。

12 月 27 日，湖北省中西医结合医院向武汉市江汉区疾控中心报告不明原因肺炎病例。武汉市组织专家从病情、治疗转归、流行病学调查、实验室初步检测等方面情况分析，认为上述病例系病毒性肺炎。31 日凌晨，国家卫生健康委员会（以下简称"国家卫健委"）作出安排部署，派出工作组、专家组赶赴武汉市，指导做好疫情处置工作，开展现场调查。武汉市卫生健康委员会（以下简称"武汉市卫健委"）在官方网站发布《关于当前我市肺炎疫情的情况通报》，通报武汉发现 27 例病例，提示公众尽量避免到封闭、空气不流通的公众场合和人员集中地方，外出可佩戴口罩。当日起，武汉市卫健委开始依法发布疫情信息。

面对日益严峻的疫情形势,中国迅速采取行动,开展病因学和流行病学调查。2020 年 1 月 7 日,习近平总书记主持召开中共中央政治局常务委员会会议,对做好不明原因肺炎疫情防控工作提出要求。1 月 11 日起,中国每日向世界卫生组织等通报疫情信息。1 月 12 日,武汉市卫健委在情况通报中首次将"不明原因的病毒性肺炎"更名为"新型冠状病毒感染的肺炎"。1 月 17 日,国家卫健委派出 7 个督导组赴地方指导疫情防控工作。1 月 18 日至 19 日,国家卫健委组织国家医疗与防控高级别专家组赶赴武汉市实地考察疫情防控工作。19 日深夜,高级别专家组经认真研判,明确新冠病毒出现人传人现象。①

正值春节期间,人们返乡团聚、走亲访友,人员大范围密集流动。一面是遏制疫情蔓延势头,一面是照常过年。在这个关键时刻,以习近平同志为核心的党中央当机立断,果断决定:武汉"封城"!1 月 23 日凌晨 2 时,武汉市发布通告:自 1 月 23 日 10 时起,全市城市公交、地铁、轮渡、长途客运暂停运营……机场、火车站离汉通道暂时关闭。交通运输部发出紧急通知,全国暂停进入武汉市道路、水路、客运班线。

1000 多万人口的武汉按下"暂停键",可谓非常时期的果断之举。习近平总书记强调:"作出这一决策,需要巨大政治勇

---

① 中华人民共和国国务院新闻办公室:《抗击新冠肺炎疫情的中国行动》(白皮书),中华人民共和国国务院新闻办公室官网。

气,但该出手时必须出手,否则当断不断、反受其乱。"①

自从人类诞生以来，疾病像团黑云一般始终笼罩着人类，不断地制造恐惧、痛苦、动乱、死亡。人们可能下意识地觉得战争更可怕,但实际上疾病带来的死亡远比战争要多得多。即使在医疗技术发达的今天,疾病仍是一种可怕的存在。根据世界卫生组织《2019年世界卫生统计报告》,2016年全球因各种传染性和非传染性疾病死亡约四千多万人。②

疾病,特别是传染性极强的瘟疫,除了制造人口大量死亡的可怕结果,有时还会减缓人类文明进程,甚至改变人类社会的发展方向。贾雷德·戴蒙德在《枪炮、病菌与钢铁》一书中曾认为:是病菌而非枪炮帮助欧洲人征服了美洲。因为欧洲人给美洲原住民带来了他们从来没有接触过的疾病——天花、麻疹、流感。据统计,95%的美洲原住民死于白人带来的疾病。③

作为人类历史上最恐怖、杀伤力最大的瘟疫之一,黑死病在欧洲同样留下了黑色的印记。在奥地利维也纳格拉本大街中央、捷克克鲁姆洛夫小镇广场,都矗立着黑死病纪念柱。在捷克首都布拉格以东约七十千米的小镇库特纳霍拉有一座"人骨教堂",里面的烛台、吊灯等装饰品全部由不同部位的人骨拼装而成,见者头皮发麻,仿佛这些无声的人骨碎片在向后人诉说当

① 习近平:《在统筹推进新冠肺炎疫情防控和经济社会发展工作部署会议上的讲话》,新华网。
② 世界卫生组织官网。
③ 苏晓编著:《玛雅传说与人类未来》,中央编译出版社,2007年,第64页。

年那段悲惨至暗的历史。

1918 年在一战激战正酣之际，一场突如其来的大流感席卷美国，并向世界各地快速蔓延，到 1919 年 5 月基本结束，共造成约 2500 万至 1 亿人死亡。这场名为"西班牙大流感"的疫情对一战战局产生了直接影响。因为大流感导致交战双方数以万计的士兵患病，无力行军与作战，不少军事行动被迫延期或者干脆取消，正在进行的军事行动也因流感受阻。1918 年 4 月下旬，德国军队突发流感，当时德军总指挥冯·鲁登道夫正在发动一次大进攻。进攻初期，德军取得了初步胜利。但是德军在发动两波进攻后，第三波进攻由于流感的影响一再推迟，最终影响了战局。5 月，英国皇家海军整整 3 周不能出海，因为有 10313 名水手患了流感。6 月 1 日到 8 月 1 日之间，200 万驻守法国的英国士兵中，有 120 万人被流感击倒，即便在最为关键的殊死战斗中，他们也无法充当有生力量。

回顾历史，我们可以看到，疾病特别是烈性传染病导致的瘟疫深刻影响了人类历史进程。虽然不能把新冠肺炎病毒和历史上的鼠疫、1918 年大流感进行直接类比，得出某些令人生畏的结论，但是毫无疑义，对于 21 世纪以来人类遭遇的传染性最强的病毒，中国共产党的每一个判断、每一个决策，都关乎数以亿计人的健康和生命，都关乎人类的繁衍和生息，都关乎人类文明的繁荣和延续。

面对突如其来、前所未知的疫情天灾，习近平总书记以马克思主义政治家、思想家、战略家的非凡勇气,以对人民生命安全和身体健康负责的巨大政治勇气,要求立即对湖北省、武汉市人员流动和对外通道实行严格封闭的交通管控,对疫情采取最严格、最全面、最彻底的防控措施。

在中华文明的发展过程中,大疫之际采用隔离之法,古已有之。工业革命以来,即便疫苗、抗生素等陆续被研发出来,但隔离仍是人类历史上应对传染性疾病最原始、最简单、最直接也最为有效的办法之一。因为传染病的特点就是突然暴发,在短时间内造成大量人口死亡。隔离,能够切断传染性疾病的传播途径,保护易感人群。封城,是隔离在地理空间范围内的扩大、是措施严厉程度上的升级。从当前全球战"疫"的态势看,隔离之举,符合科学规律,是遏制疫情不可或缺之法。

这是一个果断的决定。虽然隔离之法不鲜见,但在疫情初起之时,就断然封闭一个1000多万人口的现代化大型城市,可以说是无历史经验可循,也无现成答案可抄。无疑,作出"封城"决定需要拿出巨大的政治勇气。随着抗疫斗争的深入进行,愈发显示出其果断正确。

有人说封城并非历史上的第一次。这话没错,1910年为防止鼠疫在东北疯狂肆虐,清政府东三省总督锡良同意伍连德的建议,对东北部分城市实行封城,并成功于1911年遏制了鼠疫的传播。2014年,因有人食用旱獭感染鼠疫死亡,我国曾对玉门老市区、赤金镇实行了为期9天的封城。但是就地理交通和城市规模而言，无论是 20 世纪初的东北城市，还是 2014 年大西北的玉门老市区，它们和武汉显然并非一个体量级的。

从地理位置看，武汉地处长江中游，是中国千百年来南下北上、联结东西的交通要道，从武汉循长江水道行进，可西上巴蜀，东下吴越，向北溯汉水而至豫陕，经洞庭湖南达湘桂，素有"九省通衢"之称。新中国成立以来，武汉地理方位的重要性更胜于以往，是仅次于北京、上海、广州的中国第四大交通枢纽，铁路网辐射大半个中国，仅火车站就有 17 个之多；国际航线 50 余条，是华中地区唯一可直航五大洲的城市。

从人口规模看，武汉户籍人口 900 多万人，另有常住人口500 多万人。据预测，春运期间抵达武汉的人流规模将在 3000万左右。根据国家卫健委发布的《中国流动人口发展报告2018》，中国人口流入主要集中在四个区域：以北京为中心的京津地区，上海、江苏和浙江所在的长三角，广州、深圳及周围地区形成的珠三角，成都和重庆所在的川渝地区。这东南西北四个区域恰好形成了一个钻石结构，结构的中心正是武汉。

重要的地理方位、便捷的水陆空交通、春节时间节点，这三层因素叠加在一起，如果不封城，来源不明、传染性极强的病毒将会伴随春运"大迁徙"，快速蔓延到中国和世界的各个角落，导致不堪设想的人类大灾难。在疫苗没有研制成功，甚至对病毒尚未形成全面认知的情况下，封城是防止病毒迅速传播的最有效方式。

"该出手时必须出手。"中国共产党是世界上最大的政党，习近平总书记说过："大就要有大的样子。"①什么是"大的样子"？就是越到关键时刻，越到危急关头，就越能信得过、担得起、靠得住。

封城，是因为疫情已经到了刻不容缓的程度，只有严格控制传染源，才能不让传染病发生大流行。如果不封城，会有更多的城市变成武汉，后果不堪设想。如果武汉晚几天封城，中国可能会出现好几个武汉，全球疫情也会受到影响。

对一座千万人口的城市实行前无古人的封城之举，需要莫大的政治勇气。以习近平同志为核心的党中央是站在全中国人民乃至全世界人民的立场上作出这个艰难但又果断的抉择的。对武汉实行封城，是从维护全中国 14 亿人的生命安全和身体健康，是以牺牲局部利益换取整体利益，是从人民根本利益着想采取的重要措施。封一座城，护一国人，说的正是此意。

同时，仅从常识中我们便能想到：封锁规模如此之大、地位如此重要之城，必然带来一系列复杂深远的经济、社会影响，加上形势瞬息万变，这其中的判断与抉择、压力与勇气可想而知。

封城后的武汉怎么办？这是封城后的首要问题。现代社会是高度流动的，一个城市的正常运行离不开与外部的人力、资

---

① 《携手建设更加美好的世界——习近平在中国共产党与世界政党高层对话会上的主旨讲话》，《人民日报》，2017 年 12 月 2 日。

源、能源、信息的交换和交流。武汉的封城必然是有限的、临时的极端手段：说它是有限的，它主要是限制人群的非必要流动；说它是临时的，封城不能持续过久。在有限而关键的时间段里，有两个核心问题必须解决：一是感染者如何得到及时救治，二是如何保障未感染民众的基本生活需求。解决这些琐碎而繁多的具体问题，除了政治勇气，还需要政治智慧和领导能力。

武汉封城后，习近平总书记亲自指挥、亲自部署。党中央一声令下，全国4万多名医护人员闻令而动，紧急驰援武汉；来自兄弟省份的医疗物资和生活物资迅速向湖北、向武汉汇集；以"中国速度"用10至12天建造的火神山、雷神山医院和临时改建的方舱医院立即投入使用；人民群众基本生活用品保障有序，水、电、暖、通信一切正常。这一切，都让武汉人民深切地感受到：武汉只是暂时封城，但绝不是孤城；武汉封城不仅是科学果断的决定，还是一个执行到位的决定。

这样的政治勇气和领导能力体现了政治家的优秀品质，但并非所有国家的领导人都具备。世卫组织总干事高级顾问、访华专家组组长布鲁斯·艾尔沃德在接受美国《纽约时报》专访时说："应当学习中国的经验，但这需要速度、资金、想象力和政治勇气。"实际看起来，西方某些国家不差钱，也不缺乏甩锅的想象力，但真的是缺乏敢担当的政治勇气。疫情扩散后，美国政客抛出"80%的患者都能自愈"论，美国总统竟然把疫情看作"大号流感"，人为淡化疫情风险，将民众置于危险境地。有的国家领导人一度打算放弃抵抗，宣布采取所谓的"拖延"策略，任由疫情扩散进而实现"群体免疫"。在疫情应对上，美国等这些平时高喊保护人权的西方国家，却在疫情蔓延的关键时刻，出于资本利益的考量，拒绝采取严格隔断传播链的措施，漠视民众最基本的生命健康权。

武汉封城，是壮士断腕之举，是在为中国、为世界的安定做出贡献。但面对中国赢得的一个多月的宝贵时间，西方国家却把注意力放在了隔岸观火和抹黑中国上。在武汉封城之初，部分西方媒体不断进行负面炒作，质疑武汉封城侵犯"人权与自由"。针对西方个别媒体及政客指责武汉封城妨碍了个人自由，英国学者、伦敦经济与商业政策署前署长罗思义说得好："中国从一开始就深刻理解什么是真正影响人们生活的人权。在致命的大流行病中，最要紧的人权不是西方刻板、肤浅的'人权'概念，而是要能活下去。"中国有句古话："皮之不存，毛将焉附？"生命权是最最基本的人权，在疫情面前，没有什么比挽救生命更重要，武汉封城就是为了挽救更多人的生命。

如果对世界抗疫斗争作一全景式观察，我们会发现：武汉"封城"是一个具有历史意义和世界意义的正确决定。它最大限度地阻断了疫情从武汉向国内其他地区的蔓延，也为全球防疫争取了宝贵时间。这个决定，最大程度维护了14亿中国人民的生命安全和身体健康，最大程度维护了全世界人民的生命安全和身体健康。

正是以武汉"封城"为关键节点，习近平总书记领导全党全军全国各族人民打响了疫情防控的人民战争、总体战、阻击战。经过激烈鏖战、奋力攻坚，我国用一个多月的时间初步遏制了疫情蔓延势头，用三个月左右的时间取得了武汉保卫战、湖北保卫战的决定性成果，疫情防控阻击战取得重大战略成果，有力维护了人民生命安全和身体健康。

一方面，我们要看到，武汉"封城"之所以是一个执行到位、效果显著的决定，离不开 14 亿中国人民特别是湖北人民、武汉人民的坚韧团结、和衷共济。医务工作者白衣执甲、逆行出征；武汉人民和湖北人民顾全大局、顽强不屈；社区工作者、公安民警、海关官员、基层干部、下沉干部不辞辛苦、日夜值守；快递小哥、环卫工人、道路运输从业人员、新闻工作者、志愿者等各行各业工作者不惧风雨、敬业坚守；广大民众扛起责任、众志成城……14 亿中国人民，不分男女老幼、不论岗位分工，都自觉投入抗击疫情的人民战争，凝聚起抗击疫情的磅礴力量，他们都是抗击疫情的伟大战士。武汉不愧为英雄的城市，武汉人民不愧为英雄的人民！中国不愧为英雄的国家，中国人民不愧为英雄的人民！

另一方面，我们更要看到，武汉"封城"的果断决定，14 亿中国人民磅礴力量的成功凝聚，都离不开习近平总书记这个全党全国人民的领导核心。人类历史告诉我们：一个政党要发展壮大，要有自己的灵魂人物；一个国家要繁荣富强，要有自己的领航人。同样，在国家面临危难的关头，在进行伟大斗争的时候，领导核心可以决定局势走向，其重要地位更加鲜明地显现出来。有了核心，全党就能团结如磐、力量如钢，全国人民就能心往一处想、劲往一处使。有了习近平总书记这个领导核心，打赢疫情防控斗争，全党全国人民就有了攻坚克难、力挽狂澜的主心骨。

02

把人民放在心中最高位置

2020年5月22日，第十三届全国人民代表大会第三次会议在北京人民大会堂开幕，近3000名全国人大代表出席。下午，习近平总书记来到他所在的内蒙古代表团参加审议。在审议过程中，他说："今天上午，代表通道上一位来自湖北的全国人大代表接受记者采访时说的话，让我印象深刻。"①

习近平总书记提到的代表是湖北省十堰市太和医院党委书记、院长罗杰。新冠肺炎疫情发生后，罗杰临危受命，担任十堰市救治专家组组长，夜以继日奋战在抗疫一线。人民代表在人民殿堂的一番话语，让总书记印象深刻。习近平总书记说：

① 《从人民中汲取磅礴力量——习近平总书记同出席2020年全国两会人大代表、政协委员共商国是纪实》，人民网。

这位代表对记者说，湖北救治的 80 岁以上的新冠肺炎患者有 3000 多人，其中一位 87 岁的老人，身边十来个医护人员精心呵护几十天，终于挽救了老人的生命。什么叫人民至上？这么多人围着一个病人转，这真正体现了不惜一切代价。①

人民至上，就是始终把人民放在心中最高位置。疫情发生后，习近平总书记从一开始就强调要把人民群众的生命安全和身体健康放在第一位，尽最大可能挽救更多患者的生命。2020年1月25日，中国农历大年初一。这是中国人最为珍视的节日，一年到头，春节来了，谁不想和亲朋好友围坐在一起，畅叙情谊，谁不想放下一年的辛劳和疲惫，和家人聊聊生活的酸甜苦辣。但是疫情当前，与所有放弃休息、舍弃团聚的一线疫情防控工作者一样，大年初一，习近平总书记主持了一次特殊的中央政治局常委会会议，专题研究疫情防控工作。

"本来想是让大家过个好年。现在疫情形势紧急，不得不把大家召集起来，一起来研究部署这个问题。"习近平总书记说，"大年三十我夜不能寐。"②就是在这次会议上，党中央作出一系列重大决定：成立中央应对疫情工作领导小组，向湖北等

---

① 《从人民中汲取磅礴力量——习近平总书记同出席 2020 年全国两会人大代表、政协委员共商国是纪实》，人民网。
② 《浴火重生！在湖北代表团，习近平留下这些叮嘱》，人民网。

疫情严重地区派出指导组，湖北省对所有患者进行集中隔离救治。

"生命重于泰山"，对于习近平总书记而言，对于中国共产党而言，人民至上、生命至上绝不是一句口号，而是实实在在的行动。①

在疫情发生之初，武汉、湖北确诊人数剧增，医院人满为患、住院床位紧张、物资设备短缺、医护人员不足，严峻形势令人揪心。习近平总书记站在战略高度，统筹全局、洞察枢机，及时敏锐抓住全国疫情防控全局中的主要矛盾和矛盾的主要方面，把湖北和武汉作为全国疫情防控的主战场，亲自指挥、亲自部署疫情防控阻击战。

为了最大限度地挽救生命，新中国成立以来规模最大的一次医疗力量调遣迅速启动。全国各地和军队 4.26 万名医护人员火速驰援；呼吸机、体外膜肺氧合（ECMO）等各种医疗抢救设备、物资向湖北、武汉快速集中；火神山、雷神山医院十几天便拔地而起，16 家方舱医院先后设立。可能有人问："什么是ECMO？"ECMO 被称为重症加强护理病房（ICU）的救命设备，俗称"人工肺"，是一种改良的人工心肺机，可以起到人工肺脏和心脏的作用，能对重症心肺功能衰竭的患者进行长期的心肺功能支持。说白了，它就是医护人员和"死神"较量的撒手锏，

---

① 《生命重于泰山》，新华网。

是从"死神"手中挽救生命的利器。但是 ECMO 不仅使用费昂贵，且全球存量在疫情发生之初仅有千余台。为了让湖北和武汉的重症患者尽可能用上，党中央和国务院紧急协调、采购、征调，湖北一个省就集中了 100 多台。中国花如此之大的气力和社会资源，为的就是尽最大的可能去挽救每一个鲜活的生命。

新冠肺炎的治疗，不仅治疗技术难度大，花费也着实不菲。治愈一名轻症患者，在不考虑其他方面费用(如防护服、消毒用品、医护人员力量等)情况下，直接费用在 1 万元左右。重症患者的治疗费用则高很多，一名重症患者从住院到基本出院，如果使用 ECMO 的话，费用则高达 40 万元左右，不使用 ECMO 也得 20 万元。少则过万元，多则上百万元的治疗费用，对于辛苦赚钱的普通中国人而言，不说是天文数字，也算得上是巨额支出了。怎么办？先救治，后结算。救治费用除部分由保险支付外，其余全部由国家兜底！

"国家兜底"①，可不只是简简单单的四个字。面对中国庞大的 14 亿人口，敢作出这个决定需要超常的胆识和勇气。截至 5 月 31 日，全国确诊住院患者结算人数为 5.8 万人次，总医疗费用 13.5 亿元，确诊患者人均医疗费用约 2.3 万元。其中，重症患者人均治疗费用超过 15 万元，一些危重症患者治疗费用几

---

① 《疫情当前，这些保险有用处》，《人民日报》，2020 年 2 月 14 日。

十万元甚至上百万元，全部由国家承担。经营一个家庭，都得精打细算，更何况一个国家。受疫情影响，2020 年 2 月，全国财政收入同比下降 21.4%，湖北省财政收入甚至同比下降 98.5%。

怕吗？怕！但是更怕的是国人生命被病魔夺走，更怕的是国人的生活出现问题！老百姓有一句话糙理不糙的话："钱没了可以再赚，人没了，就什么都没了。"只要人的生命还在，只要健康平安，就什么都不怕，就能东山再起。为了及时拯救生命，哪怕经济再困难，我们也要义无反顾！

正如习近平总书记所说："我们坚持人民至上、生命至上，前所未有调集全国资源开展大规模救治，不遗漏一个感染者，不放弃每一位病患，从出生不久的婴儿到一百多岁的老人都不放弃，确保患者不因费用问题影响就医。"①

在习近平总书记的指挥和部署下，党和政府把提高治愈率、降低病亡率作为首要任务，快速充实医疗救治力量，把优质资源集中到救治一线。采取积极、科学、灵活的救治策略，慎终如始、全力以赴救治每一位患者，从出生仅 30 个小时的婴儿至 100 多岁的老人，不计代价抢救每一位患者的生命。对伴有基础性疾病的老年患者，一人一案、精准施策，只要有一丝希望绝不轻易放弃，只要有抢救需要，人员、药品、设备、经费全力保障。自疫情发生以来，湖北省成功治愈 3000 余位 80 岁以上、7

---

① 《习近平主持专家学者座谈会强调 构建起强大的公共卫生体系 为维护人民健康提供有力保障》，《人民日报》，2020 年 6 月 3 日。

位百岁以上新冠肺炎患者，多位重症老年患者是从死亡线上被抢救回来的。

习近平总书记时刻关心群众安危、民生冷暖。他多次强调"把人民群众生命安全和身体健康放在第一位，坚决遏制疫情蔓延势头"①；号召各级党组织和广大党员干部"必须牢记人民利益高于一切"②，全力投入抗疫斗争；动员军队"牢记人民军队宗旨，闻令而动，勇挑重担，敢打硬仗，积极支援地方疫情防控"③；回信勉励社区工作者"抓细抓实疫情防控各项工作，用心用情为群众服务"④……总书记深情而坚定的话语为疫情防控工作提供了根本遵循，也成为举国上下齐心抗疫的精神号召。

生命重于泰山，人民利益高于一切。抗疫斗争的伟大实践，有力彰显了人民至上的执政理念。事不避难，义不逃责；民之所向，我之所往。越是关键时刻，越能检验中国共产党人的初心使命。在习近平总书记关于疫情防控的一系列重要指示、批示和讲话中，在党中央一系列战"疫"重大决策部署中，无不体现着人民领袖大爱无疆、心系人民的真挚情怀。习近平总书记强调：

---

① 《习近平对新型冠状病毒感染的肺炎疫情作出重要指示 强调要把人民群众生命安全和身体健康放在第一位 坚决遏制疫情蔓延势头 李克强作出批示》，新华网。
② 《习近平作出重要指示要求各级党组织和广大党员干部 团结带领广大人民群众坚决贯彻落实党中央决策部署 紧紧依靠人民群众坚决打赢疫情防控阻击战》，人民网。
③ 《向勇挑重担敢打硬仗的人民子弟兵致敬》，央视网。
④ 《习近平回信勉励武汉东湖新城社区全体社区工作者》，《人民日报》，2020年4月10日。

"人的生命只有一次,必须把它保住,我们办事情一切都从这个原则出发。"①

政治家看下一代福祉,所以始终强调"人民至上"。因为人民是我们党执政的最大底气,人民至上是我们战胜一切困难的动力源泉。而政客看下一届选举。在美国政客看来,选举就是根本利益,连任才是最终目的。在美国总统特朗普眼中,疫情并不是人命关天的公共卫生危机,而是选举路上必须一脚踢开的绊脚石,为了选票连"人权"的"遮羞布"都可以不要。②

2020年5月是美国的"老年人月",发表在白宫网站上的《2020年美国老年人月公告》称,政府将尽其所能尊重和照顾老年人。但是在这个特殊的5月,美国大多数州1/3以上新冠肺炎死亡病例来自养老院等长期护理机构。美国政客不仅应对疫情无力,而且还在干着伤口上撒盐的事情。美国加州副州长就曾呼吁:希望老年人放弃自己的生命,给年轻人更多的机会。美国右翼媒体 Daily Wire 新闻网的主编本·夏皮罗更为冷血地放出惊人之词:"同样是死于新冠肺炎,一个81岁的人死亡和一个30岁的人死亡并不是一个概念。如果一名儿童死于新冠肺炎,人们会一直实行封锁。但如果换做一个81岁的奶奶在养老院里死去,这虽然同样是个悲剧,可美国的人均寿命也就在80岁。"如果解释成更直白的话,那就是"老人不该救,救了也

① 习近平:《把人民的生命和健康放在第一位》,光明网。
② 刁大明:《"甩锅"中国剧本背后的美国困境》,《北京日报》,2020年4月29日。

没用,还不如把资源留给年轻的人"。

这是什么逻辑?如果我们明白美国制度中"资本至上"的价值追求,也许对这种逻辑就不会大惊小怪了。因为资本的本性就是逐利,成本越低越好,利润越大越好。从对资本逐利的有用性而言,老年人的劳动价值显然低于年轻人,他们创造的利润远远低于年轻人。因此,对于秉持"资本至上"的人而言,老年人是社会的累赘。当然,他们不会把这些背后的话讲出来,而是会拿出优胜劣汰的社会达尔文主义,证明老年人的死亡只不过是一种自然现象而已。这可真是冷血到了极点。

特朗普政府不仅应对疫情混乱无力,而且还在不断激化美国国内的种族对立,"I can't breathe"(我无法呼吸)已经成为当下美国民众表达愤怒的双关语。一波未平一波又起,美国白人警察暴力执法导致黑人乔治·弗洛伊德死亡引发的全美抗议尚未平息,6月4日纽约州布法罗市一名75岁老人被警察推倒在地后头部流血再次引发巨大争议。面对此情此景,特朗普毫无怜悯心,竟然怀疑这名75岁的老人"可能是个圈套"。老人,就这样成了美国疫情和警察暴力执法的双重受害者。

日裔美国学者弗朗西斯·福山在谈到美国抗疫的教训时,这样说道:"作为美国人,我坚持认为,我们绝不能相信像特朗普这样的总统。在他当选之前,这个罔顾事实真相并且自恋无知的跳梁小丑已经让我们十分担忧了,但是真正考验这类领导人的,是我们正在经历的危机。此外,他并未能建立起克服危机所必需的团结和集体信任。"①

　　大事当前看担当,危难时刻彰显领袖风范。这风范不仅取决于人格魅力,更由领袖的价值追求所决定,是把"人民"和"生命"还是"选票"和"资本"放在心中最高位置,注定会有应对疫情的不同表现。

_____

① Francis Fukuyama, Nous allons revenir à un libéralisme des années 1950−1960, *Le Point*, 09/04/2020.

03

始终和人民在一起

2020年3月10日，习近平总书记来到武汉市东湖风景区东湖新城社区。看到总书记来了，楼上居家隔离的居民纷纷从阳台和窗户探出头来挥手向他问好，有的摇着国旗高呼："中国加油！武汉加油！"习近平总书记向大家挥手致意，"大家一起加油，再坚持一下！"在口罩背后，亲切又慈爱的笑容如春日般温暖。①

在抗疫期间，习近平总书记通过亲临一线、考察走访等多种方式鼓舞人民，给人民信心。同样，人民回馈给中国共产党的是无限的信任和衷心的拥护。

日裔美国学者弗朗西斯·福山接受法国《观点周刊》采访时认为，抗击疫情的效果如何，"国家能力是关键。这一切都取决

---

① 《决战之地 习近平一线考察真情满满》，共产党员网。

于国家对公共卫生和紧急情况作出反应的能力,但这同样也依赖于人民对其国家、领导人及领袖才智的信任"[1]。

中国人民是否信任自己的领袖?全球最大的独立公关公司爱德曼发布的《2020年爱德曼全球信任度调查报告》[2]指出,中国民众对政府的信任指数高达82%,在所有被调查的国家中位居榜首。而根据皮尤研究中心的调查,超过80%的中国人对国家的前进方向表示满意。事实确实如此,越是国家危急时刻,中国人民和自己的领袖越是心贴心。

为何中国人民如此信任自己的政府和领袖?因素是多方面的,历史的、文化的、心理的……其中,不可忽视的因素是:中国领导人总是能在最关键的时刻,给人民战胜困难的最大决心和信心。

2020年3月10日,"封城"47天的武汉早春初现,樱花跃上枝头。习近平总书记飞赴武汉考察疫情防控工作,一字一句,鼓舞着奋战在一线的工作者;一举一动,传递着温暖的爱心与信心。[3]

从行程上看,习近平总书记不到一天的考察安排非常紧凑。一下飞机,他就乘汽车前往集中收治重症患者的火神山医院,并连线正在病区工作的医务人员代表和正在接受治疗的患

[1] Francis Fukuyama, Nous allons revenir à un libéralisme des années 1950−1960, *Le Point*. 09/04/2020.
[2] *2020 Edelman Trust Barometer Report*, http://www.edelman.com/trustbarometer.
[3] 《决战之地 习近平一线考察真情满满》,共产党员网。

者,他还接见了湖北省当地和军队、外地支援湖北的医护人员代表。离开火神山医院,他前往东湖新城社区,实地察看社区卫生防疫、社区服务、群众生活保障等情况。在实地考察结束后,习近平总书记主持召开会议,听取中央指导组、湖北省委和省政府关于疫情防控工作的汇报,并发表重要讲话。此次到武汉,他提到了很多人,比如广大医务工作者、人民解放军指战员、社区工作者、公安干警、基层干部、下沉干部、志愿者和患者、社区居民,等等。①

他心里装着所有人

点赞"最可爱的人"。习近平总书记的这次考察,一路风尘仆仆。总书记注意到许多同志脸上和手上被磨出了血,非常心疼。他说:"你们都穿着防护服,戴着口罩。我看不到你们的真实面貌。但是,你们在我心目中都是最可爱的人!"②一句"最可爱的人",这饱含深情的点赞,是对英雄的最高褒奖,也是对广大医务人员最大的激励。

和"小巷总理"畅所欲言。社区是疫情联防联控的第一线,抗疫期间,社区居民缺米少油了、下水道堵了、垃圾箱满了……这些琐碎繁杂的大事小情,社区一线工作者等工作人员都得

---

① 《习近平在湖北省考察新冠肺炎疫情防控工作》,新华网。
② 《风雨无阻向前进——写在全国疫情防控阻击战取得重大战略成果之际》,人民网。

管。在考察东湖新城社区时，习近平总书记同社区工作者、基层民警、卫生服务站医生、下沉干部、志愿者等亲切交谈。他对如何做好社区工作提出建议，并称这些基层工作者是群众临时的"小巷总理"。一句"小巷总理"，是对工作在社区一线人员的肯定，也表达了总书记对他们继续做好社区工作的期望。①习近平总书记对基层工作者说："对群众出现的一些情绪宣泄，我们要多理解、多宽容、多包容，更要做深入细致的工作，包括心理疏导、解决实际困难。""给人民群众当服务员，不能干巴巴、硬邦邦的，要让群众如沐春风。我们今后要更加重视社区工作。"②

"加油"手势强信心。习近平总书记非常关心火神山医院等医疗机构的患者救治情况。视频连线感染科病房时，得知患者病情都在好转，他一边握拳挥手作出"加油"的手势，一边欣慰地鼓励大家："现在你们最应该做的就是坚定信心，我们大家共同来坚定信心，一定会打赢这一场战役，武汉必胜，湖北必胜，全中国也必胜。"③在医院办公楼外广场，习近平总书记接见了湖北省当地和军队、外地支援湖北的医护人员代表，再次作出"加油"的手势为大家鼓劲："在疫情防控斗争进入关键阶段，气可鼓不可泄。要一鼓作气，咬紧牙关，坚持到底，扛得住，守

---

① 《决战之地 习近平一线考察真情满满》，共产党员网。
② 《习近平总书记考察武汉东湖新城社区微镜头 "武汉必将再一次被载入英雄史册！"》，《人民日报》，2020 年 3 月 11 日。
③ 习近平：《大家共同坚定信心，一定会打赢这一场战疫！》，央视网。

得住，不能前功尽弃。"①

民生是人民幸福之基、社会和谐之本

"人民对美好生活的向往，就是我们的奋斗目标。"②犹记得2012年11月15日，习近平总书记在十八届中央政治局常委同中外记者见面时的庄严宣示。七年多来，总书记心里装着人民、讲话贴近人民、奋斗为了人民，带领人民向着"美好生活"前进的步伐一刻未停。③

疫情不可避免影响人民群众正常生活，这是习近平总书记高度重视的问题。他叮嘱，要密切监测市场供需动态，积极组织蔬菜和畜禽等生产，增加肉蛋奶等供给，畅通运输通道和物流配送，着重解决好生活必需品供应的"最后一公里"问题……"菜篮子""米袋子"，一枝一叶总关情。考察社区时，武汉人民的生活是总书记格外重视的事情。他详细询问米面粮油和新鲜蔬菜水果等生活物资的采购和供应情况，强调要千方百计保障好群众基本生活。④

武汉，是一座依江而建的城市。永不停息、浩浩荡荡的万里长江养育了一代又一代荆楚儿女。这里的人们从小就有吃鱼的习惯。家有喜事吃鱼，逢年过节吃鱼，平常也吃鱼。吃鱼，不仅

---

① 《总书记指挥这场人民战争——白衣执甲》，央视网。
② 习近平：《人民对美好生活的向往就是我们的奋斗目标》，人民网。
③ 《今年首次下团组，习近平说的这四个字感动无数网友》，中国新闻网。
④ 《放在第一位！习近平心中什么最重要？》，新闻网。

是武汉人日常生活中很重要的部分,也寄托着武汉人心中的那一份江水情怀。

"武汉人喜欢吃活鱼,在条件允许的情况下应多组织供应……"①习近平总书记的这份叮嘱,暖了武汉人民的心,也感动了全国人民的心。保障供应活鱼,它是疫情防控千头万绪工作中的一件小事,也是党和政府保障居民生活的一个缩影,彰显的是患难之时人与人之间内心的温情互动和战胜疫情的坚定信念。

总书记成了"最强带货员"

在带领全国人民奋力战"疫"的同时,习近平总书记心中始终还挂念着一件关乎人民美好生活的大事——脱贫攻坚。2020年4月,在脱贫攻坚决战的决胜之际,习近平总书记走进秦岭深处,探访贫困山区,实地检验脱贫攻坚战的进展和成效。②

陕西省商洛市柞水县小岭镇金米村,坐落在山窝里,九山半水半分田,曾经是极度贫困村。村民为了过上好生活,将村名改为"金米",村子的路叫"米汤街",就是想填饱肚子,不再挨饿。如今,山还是那座山,村却变了模样,木耳大棚一片连着一片,房子焕然一新。习近平总书记走进木耳种植培训中心和智能联栋木耳大棚,实地察看帮助乡亲们脱贫的"金疙瘩"。农

---

① 习近平:《在湖北省考察新冠肺炎疫情防控工作时的讲话》,《求是》,2020年第7期。
② 《习近平陕西行 为决胜脱贫而战》,中国新闻网。

户肖青松过去在外打零工,去年打起背包回乡了。他向总书记汇报自家收入时,连眉梢都带着笑意:"1个菌棒赚7块钱,承包两个大棚,一年两茬,一茬能挣两万块,两茬能挣4万多。"①

在金米村电子商务中心,就在李旭瑛和几个同事为直播卖货做准备时,习近平总书记走到直播平台前,与他们亲切交谈,鼓励他们:电商在推销农副产品方面大有可为。"史上最强带货诞生了!""直播助农有意义""我要买一包支持"……网友们的热情由此点燃。当天晚上,柞水木耳成了网上最火的商品。柞水县副县长张培也来到直播间,和主播李佳琦连麦,"网红主播"薇娅也在直播间里销售柞水木耳。2000万网友在这三个直播间买光20多吨木耳,价值300多万元,这相当于柞水县2019年在淘宝4个月的木耳销量。②

在陕西考察期间,新华社记者拍摄到历史性的一幕:4月21日下午,雨后初霁,陕西平利县女娲凤凰茶业现代示范园区里,满山绿意,茶香扑鼻。这一天,习近平总书记面带微笑,走向正在工作的茶农们,身旁是陕西省委书记、安康市委书记、平利县委书记、蒋家坪村党支部书记。从党的总书记,到村党支部书记,同时出现在产业扶贫第一线,共抓扶贫。③

"五级书记"同框的照片无声地诉说着我们党向人民作出

① 《陕西要有勇立潮头,争当时代弄潮儿的志向和气魄"——习近平总书记陕西考察纪实》,新华网。
② 《总书记来到直播间!电商主播李旭瑛讲述"史上最强带货"始末》,新华网。
③ 《从党中央到小村庄,"五级书记"同框大有文章》,新华网。

的庄严承诺,蕴藏着我们打赢脱贫攻坚战的"必胜密码"。

总书记最深的牵挂

永远不忘父老乡亲,永远不忘老区人民,永远不忘困难群众,这是习近平总书记最深的牵挂。①

"和人民在一起"是一种情怀,"大家一起加油"是一种信念。从冰天雪地的北京城,到奋力抗疫的大武汉;从城市到乡村,从民生到脱贫,拉家常、问冷暖、听民声、解难题,回顾习近平总书记在抗疫期间的每一个感人细节,我们都能真切地感受到这种情怀和信念。

这种情怀在体验群众疾苦中萌生。只有在基层吃过苦、受过累,知道百姓的所思所想、所需所求,才能够急百姓之所急、想百姓之所想。习近平总书记的人民情怀,在与纯朴的乡亲朝夕相处、同甘共苦的七年知青岁月中播种发芽。②

习近平总书记在 1995 年接受中央电视台采访时说:"那时候什么活儿都干,开荒、种地、铡草、放羊、拉煤、打坝、挑粪……几乎没有歇过。"他扛着 200 斤麦子走十里山路是不换肩的。③到 1975 年末,当初来延安的 26200 名北京知青只剩 590 人。习近平总书记插队的梁家河,到 1974 年 10 月就只剩他一个知青

---

① 《为了父老乡亲——习近平总书记陕西看脱贫》,光明网。
② 《"和人民在一起"是一种情怀》,新华网。
③ 《习近平总书记的成长之路》,《学习时报》,2017 年 7 月 28 日。

了。知青院子变得冷冷清清，居住的窑洞也变成了冰房冷灶。但他却不急不躁、不慌不忙，依然是该干活干活、该吃苦吃苦，不但入了党，还当上了大队党支部书记，完全是一副"铆足劲扎根干"的心态。

这些曲折经历和艰苦磨砺，恰恰是习近平总书记当年离开学校和家庭，走向社会"苦其心志、劳其筋骨、饿其体肤"的人生第一站，是他读懂人生、读懂中国、读懂人民、读懂中国共产党的重要起点。15 岁来到黄土地时，他曾迷茫、彷徨；22 岁离开时，他已经有着坚定的目标，充满自信。有人说，没有梁家河的 7 年，便没有习近平总书记今天的从容执着和大气磅礴。习近平总书记也曾坦诚地说，在他的一生中，对他帮助最大的，"一是革命老前辈，一是我那陕北的老乡们"。正是黄土高原的苍天厚土，孕育了青年习近平宽厚敦实的优良品质和滴水穿石般的至高境界。7 年的农村生活、7 年的甘苦与共，不仅使他和陕北乡亲们结下了深厚情谊，也使他从小就对农村、农民和脚下的热土有了更切身的了解和感悟，对改变国家、人民、民族的命运增添了毅然决然的抱负和担当。①

这种情怀在工作实践中增进。人民的土地，为深沉的爱提供着最丰厚的精神营养；人民的情怀，也只有根植于人民的沃土才会真诚而淳厚。"心无百姓莫为'官'"，"不求'官'有多大，

---

① 《习近平总书记的成长之路》，《学习时报》，2017 年 7 月 28 日。

但求无愧于民", "我将无我, 不负人民"……这些与人民息息相关的感悟, 无不来源于工作实践, 来源于人民。从生产大队的党支部书记, 到泱泱大国的最高领导人, 历经村、县、地、市、省直至中央等多层级领导岗位, 习近平总书记了解百姓生活的酸甜苦辣、关切群众的安危冷暖, 用实际行动、务实行为、亲民作为, 历练铸就了淳厚博大的人民情怀。①

"我们要牢记人民对美好生活的向往就是我们的奋斗目标。"②在十九届中央政治局常委同中外记者见面会上, 习近平总书记的铿锵宣示温暖人心。翻开党的十九大报告, "人民"是贯穿始终的一条主线。从坚持以人民为中心的发展思想, 到强调"始终把人民利益摆在至高无上的地位", 再到要求把增进民生福祉作为发展的根本目的, "人民"二字醒目鲜明、力重千钧。

一个政党、一位领袖, 最宝贵的是历尽沧桑仍怀赤子之心。观察以习近平同志为核心的党中央领导中国人民抗击疫情的生动实践, 人们看到, 一个走过近百年奋斗历程的世界最大政党和她的领袖, 那份对人民的赤子之心赤诚如初, 对人民的深厚情怀炽热不变。

---

① 《"和人民在一起"是一种情怀》, 新华网。
② 《习近平在十九届中共中央政治局常委同中外记者见面时强调 新时代要有新气象更要有新作为中国人民生活一定会一年更比一年好》,《人民日报》, 2017 年 10 月 26 日。

04

大疫当前的战略定力

公元前 61 年，古罗马著名政治家马库斯·图留斯·西塞罗给他刚被任命为亚细亚行省(地处土耳其西海岸)总督的弟弟昆图斯写了两封长信。信中这样写道："我对你提的第一个也是最重要的要求是：不要向绝望屈服或者丧失勇气。不能允许自己被诸多责任所组成的巨大洪流所冲垮。"如何成为优秀的政治家和领导人？马库斯·图留斯·西塞罗的洞见和智慧是超越时空的，在谈到国家领导者应具备的品质时他说道："统领一个国家的人必定拥有巨大的勇气、能力和决心。真正的领导者总是把国家的利益置于自己的利益之上"，"统领一个国家就像为一艘船掌舵，尤其是在遇到暴风雨开始肆虐的时候更是如此。如果船长不能保持稳定的航向，航程将以全员覆没而告终"。

沉着镇静、遇事不慌是一个优秀政治家必备的品质。

清代三朝帝师翁同龢曾写下一副对联："每临大事有静气，

不信今时无古贤",用今天的话来解读,大致意思为古今圣贤都具有大气度,但凡遇到重特大事情发生时,都能够做到举止从容,沉着淡定。

这种沉着镇静,也可以称为"战略定力"。

党的十八大以来,习近平总书记多次强调要树立战略思维、保持战略定力,"不能心猿意马、犹豫不决"①。成就大事要有这样的镇静和定力,应对危机同样要有这样的镇静和定力。因为静而后能安,安而后能虑,虑而后能得。

统揽全局:千军万马有条不紊援鄂抗疫

新冠肺炎疫情是新中国成立以来在我国发生的传播速度最快、感染范围最广、防控难度最大的一次重大突发公共卫生事件。这是一次危机,也是一次大考。在国家面临危难的关头,习近平总书记展现出伟大政治家的战略定力,成为全党全国人民攻坚克难的主心骨。

"越是兵临城下,指挥越不能乱,调度越要统一。"②

从 1998 年抗洪,到 2003 年抗击"非典"疫情,再到 2008 年汶川地震救灾,都离不开"全国一盘棋"的全局战略。为加强对全国抗击疫情工作的统一领导、统一指挥、统一协调、统一调

---

① 习近平:《辩证唯物主义是中国共产党人的世界观和方法论》,《求是》,2019 年第 1 期。
② 习近平:《在中央政治局常委会会议研究应对新型冠状病毒肺炎疫情工作时的讲话》,《求是》,2020 年第 4 期。

度,党中央迅速成立中央应对疫情工作领导小组,并向湖北等疫情严重地区派出指导组,推动有关地方全面加强防控一线工作。中央指导组深入武汉、靠前指挥,与湖北、武汉人民并肩作战、同舟共济、共克时艰。

面对湖北医护人员不足、防控物资告急的情况,从 1 月 24 日开始,中央从各地和军队调集 346 支国家医疗队、4.26 万名医务人员和 965 名公共卫生人员驰援湖北省和武汉市,安排 19 个省份与湖北省除武汉市以外的 16 个市州及县级市建立"对口支援"关系,"北协和、南湘雅、东齐鲁、西华西"——被众多网友誉为中国医疗界"四大天团"一线会师,中国最顶尖的 10 个院士团队并肩奋战,全国近十分之一的重症医学骨干接力上阵……这一切,汇成了抗击疫情的钢铁洪流。

交通运输部宣布优先通行运送疫情防治应急物资和医护人员车辆。教育部部署各学校根据疫情变化情况确定开学时间,不举办聚集活动。海关总署联合国家卫健委 1 月 25 日发布公告,要求出入境人员在出入境时若有发热、咳嗽、呼吸困难等不适应当向海关工作人员主动申报,配合做好体温检测、医学排查等卫生检疫工作。

面对疫情最为严重的武汉市医疗资源严重不足、床位短缺等实际情况,党中央决定建造火神山、雷神山医院,为打赢这场疫情防控阻击战提供了强有力的支撑和保障。中央指导组果断"拍板"建设方舱医院,完成了"史诗级"的救援任务,一举成为整个武汉抗疫的最重要转折点。2月7日，国务院应对新型冠状病毒感染肺炎疫情联防联控机制提出了要及早发现和隔离病毒感染者、千方百计保障医疗服务供给、积极探索和总结推广有效治疗方法、集中优势资源和技术力量、牢牢压实属地责任等要求，深入落实"早发现、早报告、早隔离、早治疗"①及"集中患者、集中专家、集中资源、集中救治"要求，清晰完整且精准地部署了整个疫情防控的基本方略。

在党中央、国务院作出科学决断和战略部署后，一声令下，全国上下立刻执行。疫情发生以来，党政军民学紧急动员，政府、市场、社会通力协作，迅速形成全国上下全面动员、全面部署、全面加强疫情防控格局。

各级党委和政府坚决服从党中央、国务院的统一指挥、多措并举，把打赢疫情防控阻击战看作头等大事，采取因地制宜的应对方案和精准的防控举措，从决策到执行无缝衔接，迅速建立了全面高效的横向到边、纵向到底、全覆盖、无死角的防控格局。

在这场没有硝烟的战争中，各级党政军群机关和企事业单位等紧急行动、全力奋战，广大医务人员挺身而出，成为新时代"最美逆行者"，志愿者不计回报地投身疫情防控第一线，成为一道亮丽的风景，深入一线的广大党员干部坚守岗位、日夜值守，闻令而动的中国人民解放军指战员敢打硬仗，防疫物资

---

① 习近平：《在统筹推进新冠肺炎疫情防控和经济社会发展工作部署会议上的讲话》，新华网。

生产厂家紧急复工开足马力，工地建设者不分昼夜奋战在工地，社区防控在基层筑牢了第一道防线——14亿中国人民众志成城、精诚团结，全国上下形成了坚决打赢疫情防控救治的人民战争、总体战、阻击战局面。

战"疫"有方：坚持向科学要答案、要方法

疫情何以快速扩散？怎样有效防控？新冠肺炎疫情突如其来，令不少人产生了疑惑。"防控新冠肺炎疫情斗争有两条战线，一条是疫情防控第一线，另一条就是科研和物资生产，两条战线要相互配合、并肩作战。"在习近平总书记提出的"坚定信心、同舟共济、科学防治、精准施策"①疫情防控工作十六字总要求中，科学防治是重要内容。在抗击新冠肺炎疫情这场同时间赛跑、与病魔较量的对决中，我们秉持科学态度、尊重科学规律、坚守科学认知、实施科学举措，让科学精神的阳光穿越疫情阴霾的笼罩，汇聚起战胜疫情的坚实力量。

综观人类发展史，人类战胜大灾大疫离不开科学发展和技术创新。我国历史上有很多防治瘟疫的医疗著作和方法。《汉书·平帝纪》记载，元始二年，"民疾疫者，舍空邸第，为置医药"，提出了"隔离"是防疫的重要举措。明代中期我国就出现了预防天花的"人痘"接种术。18世纪末，英国科学家爱德华·

---

① 《新华时评：坚定信心，同舟共济》，新华网。

琴纳发明了接种牛痘预防天花的方法,经过几代科学家不懈努力,最终研制出灭活天花病毒的疫苗。随着现代医学科技发展和公共卫生基础设施不断完善,霍乱、鼠疫、流感等这些曾经对人类造成巨大危害的传染病逐渐得到了有效控制。近些年来,在抗击严重急性呼吸道综合征(SARS)、中东呼吸综合征(MERS)、甲型H1N1流感、埃博拉病毒等多次重大传染病中,科学技术都发挥了重要作用。新中国成立以来,我国通过传染病重大科技专项研发部署,在传染病防治领域的科研水平、技术能力、平台建设、人才队伍等方面都有了明显提升。

应对重大疫病威胁,是一场输不起的战争。习近平总书记在视察军事医学研究院时强调,要坚持在疫情可溯、可诊、可防、可治、可控方面合力攻关,通过打这场硬仗,掌握更多具有自主知识产权的核心科技,拿出更多硬核产品,为维护人民生命安全和身体健康、维护国家战略安全做出更大贡献。①

科学技术是人类同疾病较量的最有力武器,是战胜大灾大疫的决定性力量。疫情暴发后,一系列应急科研攻关迅速展开,一场科学防治之战由此打响。从研究病毒来源和传播特点,到制定优化临床救治方案;从以创纪录的短时间甄别出病原体,到率先研制出核酸检测试剂;从一个多月内7次更新诊疗方案,到新冠疫苗开始进行临床实验;从科学分析疫情传播

---

① 习近平:《通过打这场硬仗,掌握更多核心科技,拿出更多硬核产品》,《人民日报》,2020年3月2日。

规律及影响因素,到运用大数据、人工智能等加强人员排查、监测……我们始终坚持向科学要方法、要答案,从而快速认识病毒发展的规律, 让一项项科研成果加速涌现, 为快速诊疗、科学救治赢得了宝贵的时间。

科学不仅是知识和技能,更是文化和精神。在战"疫"时刻,我们不仅需要科学技术提供强有力的武器,更需要科学精神涵养求真务实的态度。在疫情期间,我们以一场场公开透明的新闻发布会,让真实有效的信息及时传播;钟南山、李兰娟、张伯礼、张文宏等专家积极发声,让科学出场,用事实说话,分析疫情形势,有力增强了整个社会对疫情的防控意识;鉴于各地疫情发展态势不同,及时增强防控的针对性、科学性……客观认识疫情、科学防治疫情, 根据疫情形势因时因势进行调整,让人们关切而不惊慌、信任且日益笃定。这背后是对科学精神的严格坚守,也是对人民生命负责的严谨态度。

审时度势:辩证统筹疫情防控和经济社会发展

对于优秀的政治家而言, 必须具备统揽全局的大视野,真正做到胸怀全局、高屋建瓴的战略布局。"不谋全局者,不足以谋一域;不谋万世者,不足以谋一时。"说的正是此意。

大疫来袭,不可大意。当疫情初露端倪时,习近平总书记专门对疫情防控作出明确指示,及时发出预警,要求及早研判疫情传播扩散风险。

当疫情蔓延风险剧增时,习近平总书记迅即确定疫情防控总目标、阶段性任务、战略举措,要求有针对性地制定应对措施,明确要求湖北省对人员外流实施全面严格管控,在全省范围内严格落实早发现、早报告、早隔离、早治疗的措施;根据需要从全国调派医务人员驰援武汉、驰援湖北;明确要求坚决做到对确诊患者应收尽收,对疑似患者应检尽检;要求相关部门及时发布权威信息,公开透明回应群众关切,为打好疫情防控斗争赢得了主动。

在疫情防控最吃劲的关键阶段,针对湖北和武汉前期防控工作存在的严重问题,党中央及时提出整改要求,并对湖北省委和武汉市委领导班子作出调整充实;要求大幅度充实基层特别是社区力量,织密织牢社区防控网,实行严格的网格化管理;要求加大重症患者救治力度,加快推广行之有效的诊疗方案;要求加强力量薄弱地区的疫情防控,统筹做好各市州防疫工作。①同时,习近平总书记还反复告诫各级党员干部,时刻保持清醒头脑、慎终如始、善作善成,做到不麻痹、不厌战、不松劲,不获全胜决不轻言成功,极大地激发了全党全国人民齐心协力、共克疫魔的斗争精神。

当疫情防控取得阶段性重要成果时,习近平总书记作出重要部署:在确保疫情防控到位的前提下,采取差异化策略,适时

---

① 习近平:《在统筹推进新冠肺炎疫情防控和经济社会发展工作部署会议上的讲话》,新华网。

启动分区分级、分类分时、有条件的复工复产，逐步恢复生产生活秩序。要求在做好健康管理、落实防控措施的前提下，采取"点对点、一站式"的办法，集中精准输送务工人员安全返岗，帮助外地滞留在鄂人员安全有序返乡；要求落实落细国家出台的一系列支持政策，有针对性地开展援企、稳岗、扩就业等工作，强化"六稳"举措，统筹做好春耕生产、农民就业增收等工作，坚决抓好脱贫攻坚各项任务。①

针对疫情防控常态化，习近平总书记强调，针尖大的窟窿能漏斗大的风，要时刻绷紧疫情防控这根弦，持续抓好外防输入、内防反弹工作，决不能让来之不易的疫情防控成果前功尽弃。针对经济社会发展，他一方面推动复工复产提速扩面，另一方面强调要用全面、辩证、长远的眼光看待我国发展，增强信心、坚定信心；强调我国经济长期向好的基本面没有改变，疫情的冲击是短期的、总体上是可控的，只要我们变压力为动力、善于化危为机，把我国发展的巨大潜力和强大动能充分释放出来，就能够实现今年经济社会发展目标任务。②为此，习近平总书记强调要面向未来，加快推进数字经济、智能制造、生命健康、新材料等战略性新兴产业，形成更多新的增长点、增长极，着力打通生产、分配、流通、消费各个环节，逐步形成以国内大

---

① 习近平：《在湖北省考察新冠肺炎疫情防控工作时的讲话》，《求是》，2020 年第 7 期。
② 《"针尖大的窟窿能漏过斗大的风"，习近平为何用此比喻作警示？》，央视新闻。

循环为主体、国内国际双循环相互促进的新发展格局，培育新形势下我国参与国际合作和竞争的新优势。①

在疫情防控全过程和每个关键点，习近平总书记都率先垂范、靠前指挥、亲自谋划，作出一系列重大判断、重大决策、重大部署，既提出疫情防控的科学方针、正确方法、工作重点，又用暖人话语和实际行动为人们加油、打气、鼓劲。3月底在浙江考察时，习近平总书记叮嘱宁波臻至机械模具有限公司的工人："我们现在就是要在继续坚持疫情防控的前提下积极开展复工复产，既要保证生产任务，还要保证身体健康。"他赞扬民营企业和中小微企业："有活力、有灵性，有一股子精神，在你们企业身上也得到了体现。这么大的疫情发生了，我们的中小微企业还在迎难而上，还在自强不息发展。前景是乐观的，祝你们一切都好！"②

同时，习近平总书记时刻惦念着百姓的"米袋子""菜篮子""果盘子"，时刻关注着特殊群体、贫困人口的生产生活。

3月份在浙江，4月份在陕西，5月份在山西，6月份在宁夏。每到一处考察，习近平总书记念念不忘的一项工作就是脱贫攻坚。在浙江，他细心询问农家乐和特色农产品销售情况。在陕西，他关心搬迁户的日常生活和就业情况。在山西，他关心土

---

① 《关键技术攥在手 栋梁之"材"将可期》，人民网。
② 《冲寒已觉东风暖——记习近平总书记在浙江调研疫情防控和复工复产》，《人民日报》，2020 年 4 月 2 日。

地流转后的农民收入情况，称赞当地的黄花产业："'小黄花大产业'，很有发展前途。"①在宁夏，他考察黄河岸边的生态移民村，强调："无论是全面小康、脱贫还是现代化，一个少数民族也不能少。各族群众是一个大家庭，要携手并进。"②

反观美国总统特朗普，面对疫情在美国的肆虐，他不仅在战略上故意淡化疫情，而且在战术上也毫无章法。3月份的时候，美国国内疫情日趋严重，出现医疗资源紧缺的情况。特朗普却没有足够的组织力和动员力，说服和整合美国本土的企业进行生产和扩能，反而出现了联邦政府和一些州政府以及各州之间抢夺医疗物资的"闹剧"。其中，华盛顿州不惜违反政府规定，购买了未经食品药品监督管理局（FDA）认证的棉签。面对如此乱局，特朗普说出了"让50个州自己想办法，我可不是订货员"这样不负责任的话。

在美国因疫情死亡人数不断飙升的5月，特朗普竟然悠然自得连续两天打高尔夫球，遭遇舆论抨击后他振振有词："这是我三个月来首次打球"，似乎不以为然。相对于对民众生命的冷漠，以特朗普为代表的美国政客显然更关心重启经济这个话题。为了救市、重启经济，特朗普可谓是不遗余力。生命还是资

---

① 《春风又绿江南岸——习近平总书记在浙江考察纪实》，《浙江日报》，2020年4月3日；《直与天地争春回——记习近平总书记在陕西考察》，《陕西日报》，2020年4月26日；《蹚出新路子 书写新篇章——习近平总书记山西考察纪实》，《山西日报》，2020年5月14日。
② 《"一个少数民族也不能少"——记习近平总书记在宁夏考察脱贫攻坚奔小康》，《人民日报》，2020年6月12日。

本，特朗普毫不犹豫选择了后者。为什么？特朗普的选择并非他个人的偏好，而是美国制度"资本至上"的必然逻辑。在资本的支配下，美国的选票制度已经蜕化为资本游戏和金钱政治，经济发展得好，资本利润能够得到保障，作为资本代言人的资本家才会支持你继续当选。这是资本逐利本性的必然，至于因疫情死亡的人，一切都可以推给社会达尔文主义这个挡箭牌。

疫情就像一面镜子，照出了各国在灾难面前的国家能力，也照出了各国领导人的领导能力和政治智慧。通过这场疫情，14亿中国人民得出了一个共同的结论：习近平总书记不愧为凝聚、指引、带领全党全军全国各族人民战胜一切困难挑战的坚强核心，不愧为把人民摆在心中最高位置、坚定维护人民根本利益的人民领袖，不愧为引领民族复兴航船破浪前行的掌舵者、领路人。

05

党的领导是抗疫胜利的根本保证

面对这次疫情大考,以习近平同志为核心的党中央统揽全局、协调各方,统筹运用综合国力,动员全社会力量、调动各方面资源,展现了中国力量、中国精神、中国效率,彰显了党的领导这个中国特色社会主义制度的最大优势。

制度优势是一个国家的最大优势,制度竞争是国家间最根本的竞争。美国在疫情暴发后,之所以未能在早期阶段控制住疫情,组织不力、动员不够是其重要原因,而组织不力、动员不够,除了美国总统特朗普个人因素外,最根本的问题出在制度上。

比如口罩,这次疫情的标志性物品,关系到一线医护人员工作效率,也关系到数亿人的健康。一只小小的口罩,涉及化工、纺织、机械、冶金、电子等工业门类。哪一个环节出问题都会影响进度。即便拥有完整产业链的基础,如何快速生产出高质量的口罩产品,同样考验着制度的组织力和动员力。

在口罩生产方面，美国有著名的 3M 公司，著名的N95 口罩就是他们生产的。但为什么即使拥有这样的口罩生产巨头，依然不能解决美国的口罩紧缺？2020 年 4 月份的时候，美国部分医护人员还在用普通塑料布，甚至裹尸袋充作防护服工作，有的医护人员因为口罩紧缺，一个口罩反复用了三周时间。美国疾控中心发布官方视频，教民众如何用 T 恤自制口罩。美国海岸警卫队也加班加点，踩着缝纫机自制口罩。直到中国口罩到来，才解决了他们的燃眉之急。

为什么医疗科技、制造业如此发达，工业门类齐全的美国，却不能做到口罩的快速生产和扩能呢？

因为美国的制度无法解决社会化大生产与资本主义私有制之间的矛盾。资本生产的目的是为了利润，而不是为了社会产品的生产，更不是为了人民需求来生产。同时，美国政府也没有足够的社会生产动员能力。

美国政治制度的本质是"资本至上"。如何理解？我们还从资本这个关键词着手。资本既是经济发展不可或缺的组成要素，也是随时可能反噬人类社会的异己力量。这是由资本的逐利本性决定的，马克思就说过："资本害怕没有利润或利润太少像自然界害怕真空一样"①，资本就是"宁做杀头的生意，不做赔本的买卖"。

---

① 《马克思恩格斯选集》(第二卷)，人民出版社，1995 年，第 266 页。

美国作为世界上最大的资本主义国家,完整地经历了资本异化的全过程。20世纪70年代之前,美国是世界最大的工业国,工业资本与社会化大生产紧密相连,因此其在自身牟利的同时,也增加了社会财富总量,并吸纳大量就业,因此相对具有历史进步意义。但是在平均利润持续下降规律的作用下,工业资本日趋转向利润更高的金融资本,华尔街就是金融资本的代表,其标志性事件就是1980年美国总统里根上台。里根的主要做法就是采用自由化、私有化的新自由主义政策,为金融资本大行其道大开方便之门,导致美国经济日趋空心化,制造业不断外流,金融业占比越来越高。

金融资本排挤走了工业资本,让美国由一个造血肌体变成一个吸血肌体。因为金融资本脱离实体经济,本身并不参与财富创造,只参与财富分配,因此金融资本既不能带来生产力大发展,也解决不了民众就业。说得形象一点:资本就是病毒,国家就是宿主,实行资本主义的国家就是资本病毒最天然、最舒适的温床。美国只是金融资本和国际金融资产阶级(集团)控制世界和实现自身繁殖的工具。近几十年来,由于华尔街金融资本的权力急剧扩张,美国民众的权利不仅遭到资本的侵蚀,美国的国家制度同样遭到金融资本的伤害。这就是资本的反噬,或者叫资本的异化。美国国家能力的衰退,一切都源于资本不受节制快速扩张的美国资本主义制度。资本至上,其实才是美国制度失灵和国家能力衰退的根源。

　　和美国表现出来的组织力和动员力不足相比,中国应对疫情的高效和成效已经为各国称赞。如果我们追问:为什么?答案有很多,制度的、文化的、经济的……其中,最核心的因素就是中国共产党的领导。面对突如其来的疫情,以习近平同志为核心的党中央在疫情防控工作中发挥了中流砥柱的作用,始终坚持以人民为中心,时刻设身处地为人民着想,全国人民心往一处想、劲往一处使、拧成一股绳。同时,短时间内调动各方面积极性,集中力量办大事,形成了强大合力,充分体现了中国特色社会主义制度的优越性。

　　一是高效构建了抗疫决策体制。党中央在第一时间作出直接由中央政治局常委会领导应对新冠肺炎疫情工作的果断决策。党中央指挥若定、卓越领导,推动了抗疫斗争有条不紊、深入推进;确保了武汉疫情得以控制、全国疫情出现曙光。毫无疑问,正是在以习近平同志为核心的党中央坚强领导、果断决策和顶层推动下,抗疫斗争得以沿着正确方向快速推进。

　　二是高效构建了抗疫指挥体制。党中央在第一时间成立了应对新型冠状病毒感染肺炎疫情工作领导小组,大力加强对全国疫情防控的统一领导、统一指挥;与此同时成立了中央指导组,深入武汉、湖北一线指导督导贯彻落实习近平总书记有关指示和中央决策部署,加强主战场防控领导力量,协调解决重大事项,督察不作为、乱作为、不担当问题;国务院第一时间建立了由 32 个部门组成的联防联控机制,按照战时要求,加强统筹协调、生产组织、资源调度,适应疫情防控即时需要;各省市、各部门、各单位也在第一时间相应成立了抗疫领导小组、指导组和督察组。自上而下、高效贯通、紧密结合的指挥体制建立,有效保障了中央顶层决策的快速传导、高效落实和强力推动,"以人民为中心""全国一盘棋"思想落实落地,"集中力量办大事"社会主义制度优势充分发挥。

三是高效构建了抗疫执行体制。人民战争的定位决定了夺取抗疫斗争胜利关键在执行、要害在执行、成功在执行。在党中央统一领导和指挥下,各级党委和政府坚决遵照中央决策部署和指挥号令,全面承担疫情防控主体责任,全国快速形成了一级盯一级、一级守一级、层层抓落实,横向到边、纵向到底的执行体系;各级领导班子、领导干部特别是主要负责人,按照守土有责、守土担责、守土尽责的使命要求,坚守岗位、靠前指挥。高效执行体制构建,从根本上保证了顶层决策、指挥指令快速见行动、疫情存量快速见底数、防控措施快速见成效。同时,打通了疫情防控"最后一公里",夯实了政治领导落实基础。

四是通过思想引领力高效统一了抗疫步调。当下正值中国应对"百年未有之大变局"、应战全面建成小康社会决胜之际,抗疫不仅关乎人民群众生命安危,而且关乎建设社会主义现代化强国进程,还关乎中国走向世界步伐和对外开放形象。如果思想引领不力、舆论引导不力、心理疏导不力,不仅极易引发人们心理恐慌、民众思想混乱,而且极易诱发海外敌对势力乘虚而入、借势攻击、从中作乱，进而引发社会动荡，后果不堪设想。面对抗击疫情错综复杂的背景，迫切需要及时有力地统一党内党外思想、统一全国人民步调、统一战胜疫情意志，全面汇聚抗疫斗争积极力量、正向能量和无畏胆量，为高效推动中央决策部署、充分发挥政治领导力，提供强有力的思想保证和不竭的动力源泉。抗疫斗争以来，党中央强力发挥思想政治工作的传统优势和思想引领的巨大功能，不断夯实共克时艰的思想基础，集聚众志成城的正向能量，营造正向积极的舆论氛围。

五是通过群众组织力高效构筑起抗疫的严密防线。群众组织力既是党的性质宗旨的重要体现，又是党具有真正领导能力的根基所在。抗疫斗争是一场不见硝烟的人民战争，能否调动最广大人民群众的积极性、主动性、创造性，直接关系到抗疫斗争最终成败。抗疫斗争以来，党中央发挥了组织群众、发动群众、凝聚群众的能力和优势，构建了中央组织、地方组织、基层组织纵横贯通的组织体系，通过促班子、抓党员、带群众，筑起了严密可靠的抗疫防线。

六是通过社会号召力高效凝聚起抗疫的人民力量。社会号召力集中体现在党对社会各个阶层、各类群体、各方力量的影响力、凝聚力、动员力和引导力上，与行政强制力、法律强制力完全不同。社会号召力作为一种柔性能力，具有政治动员的强大功能和赢得广泛支持的巨大作用。对执政党而言，社会号召力的强弱与其执政智慧、执政威望、执政业绩高度关联。进行抗疫斗争以来,党中央通过践行以人民为中心思想赢得举国上下的信赖和支持、通过弘扬中华民族伟大精神赢得四面八方的感动和支持、通过彰显负责任大国形象赢得国际社会的理解和支持,展现了强大的社会号召力。

抗击疫情既是一场大战,也是一场大考。有党的正确领导,有以习近平同志为核心的党中央掌舵领航,在高高飘扬的党旗引领下,全党全国各族人民同心同德、众志成城、攻坚克难,一定能全面打赢疫情防控的人民战争、总体战、阻击战,向历史、向人民、向世界交出一份抗疫大考的合格答卷。

06

宝坻十二时辰

2019 年，电视剧《长安十二时辰》燃爆网络。这部豆瓣评分高达 8.7 分的神剧在精彩演绎了一段用十二时辰拯救长安的故事，同时还引发了全民思考："十二时辰，我能做些什么？"而今天我们的故事就要从成功上演"万人大排查"的"宝坻十二时辰"开始讲起。

宝坻，位于天津、北京和唐山三个城市的几何中心区域，距首都 80 多千米，是京津冀防疫工作的重中之重，更是考验天津能否守好首都"护城河"的关键卡口。

1 月 31 日，武汉封城后的第九天，宝坻出现了第一例新冠肺炎确诊病例。2 月 8 日新增 6 例，9 日新增 3 例，10 日新增 3 例，11 日上午又新增 4 例。此时，宝坻已累计确诊病例 39 例，且围绕着百货大楼出现了聚集性疫情，形势日益严峻。决策者心急如焚，一例例未排查出的患者，就像一颗颗埋藏的炸弹，一人发病传染身边多人，难道就这样等着这些炸弹一颗一颗炸响吗？要变被动等待为主动出击，"撒大网捞小鱼"，将隐患清仓见底，确保患者能够及时得到救治。

万人大筛查，星夜开战。随着指挥员一声令下，宝坻区所有基层工作人员整装待命、迅速行动。通过"大数据+笨办法"的人海战术，一个门挨着一个门被敲开，一户接着一户被排查。各村的大喇叭、小喇叭全都响起来，村里的主干道纷纷挂起横幅和标语，各种宣传单发到了村民家里。24 个街镇 24 小时如期完成，累计筛查出宝坻百货大楼相关人员 19718 人，其中发现 7 名发热人员。

一次与时间和病毒的赛跑、一场看似不可能完成的任务，就这样在极短时间内变成了现实。迅速、有序、扎实、有力、高效的排查背后，是一个个基层党组织"爆表"的战斗力。

火车跑得快，全靠车头带。把党的基层组织作为党的全部工作和战斗力的基础，这是中国共产党的显著特色和独特优势。我们党按照马克思主义建党原则，形成了包括党的中央组织、地方组织、基层组织在内的严密组织体系。党中央是大脑和中枢，有定于一尊、一锤定音的权威。党的地方组织犹如躯干，坚决贯彻落实党中央决策部署，有令即行、有禁即止。

面对二战结束以来最严重的全球公共卫生突发事件，城乡社区无疑是疫情防控的第一线，也是打好疫情防控斗争的关键防线。从 2017 年开始，天津市把"战区制、主官上"作为社会治理和社会稳定的重大体制机制创新,将社会治理的"千条线"拧在党建"一根针"上,将党的领导从中央到基层"一根钢钎插到底"。不仅如此,为进一步强化党的全面领导,夯实党的执政根基,在2018年全市村级组织换届中,天津市全面推行村党组织书记通过法定程序兼任村委会主任,全市3538个行政村100%完成换届,100%实现"一肩挑",完成了过往标准最高、要求最严、难度最大的一次换届工作,打赢了一场事关党执政根基的攻坚战。

面对突如其来的疫情防控斗争,全市各级党组织充分发挥"钢铁堡垒"作用,充分发挥党的领导"一根钢钎插到底"的作用,充分发挥基层党组织负责人"钢筋主骨"作用,充分发挥广大党员冲锋在前、勇做维护群众生命安全和切身利益的"钢铁守护神"作用,充分发挥基层阵地巩固党的执政根基的"钢铁战线"作用。疫情期间,全市各级基层党组织尽最大努力把防控力量、资源、措施向社区下沉,将一个个街道、社区、村庄打造成为严密安全的"抗疫堡垒",把防控有效落实到终端和末梢。

用"十二时辰"完成"万人大排查",不过只是一个缩影,同样的大剧正在整个华夏大地上演。

泰山压顶,需要铁肩膀;攻坚克难,需要急先锋。面对习近平总书记"让党旗在防控疫情斗争第一线高高飘扬"的伟大号召,9000多万名党员、460多万个基层党组织迅速行动起来投入战斗。各地区成立了党政主要负责同志挂帅的领导小组,周密制定方案、紧急调配力量、层层传导压力,形成了"五级书记"抓防控的机制。基层充分发挥党建引领下的基层社会治理体系优势,统筹居委会、村委会、网格员、志愿者等各方力量,布下防控疫情的天罗地网。

疫情防控在哪里,工作卡点延伸到哪里,党的组织就要建到哪里,党旗就要飘在哪里。驰援湖北医疗队落地后,迅速建立战地临时党支部,党员带头冲上急难险重的阵地,处理复杂的情况、承担最危险的任务、扛起重大的责任。武汉16个方舱医院成立40多个患者临时党支部,党旗挂在病床前,主题党日活动凝聚人心,营造温暖方舱的"心灵氧吧"。在雷神山医院建设工地上,处处党旗高扬,14个临时党支部、14支党员突击队带领上万名建设者日夜鏖战。

疫情之下,每一个村社、每一个网格,都是一个微型战场。在疫情防控的"最后一公里",基层党组织筑起坚强战斗堡垒:从村口喇叭的硬核喊话,到社区门口的严查严控,从地毯式排查到网格化管控,守好门、看好家,外防输入、内防扩散,用脚步丈量大街小巷,用爱心关怀邻里街坊,封闭楼栋不封闭服务,封闭小区不封闭温暖,民有所需我必有应,哪里有困难有需要,党组织和党员的身影就出现在哪里。

习近平总书记曾多次强调:"要加强党的基层组织建设,把资源、服务、管理下沉基层、做实基层,把每个基层党组织建设成为坚强战斗堡垒。"①堡垒无言,却能凝聚强大力量;旗帜无声,却能鼓舞昂扬斗志。一个支部一座堡垒,一个党员一面旗帜。党的强大政治优势、组织优势和密切联系群众优势,正不断转化为疫情防控的强大力量。

---

① 习近平:《坚定改革开放再出发信心和决心 加快提升城市能级和核心竞争力》,《人民日报》,2018年11月8日。

07

"我是党员，我先上！"

　　疫情突如其来，城市突然安静下来，生活意外停顿，相信对许多中国人来说，这还是生命中的第一次。

　　自疫情发生以来，党中央采取的所有防控措施都首先考虑尽最大努力防止更多群众被感染，尽最大可能挽救更多患者生命。生命重于泰山，疫情就是命令，防控就是责任。战"疫"伊始，习近平总书记向各级党组织和广大党员干部发出号令："不忘初心、牢记使命"，"让党旗在疫情防控斗争第一线高高飘扬"。

　　党中央一声令下，9000多万党员闻令而动，成为抗击疫情的中坚力量。

　　"是不是要去武汉？我可以！"

　　"我是共产党员，让我去！"

　　3月2日，广州医科大学附属第一医院举行首批战"疫"一线火线发展党员入党宣誓仪式,84 岁老党员钟南山院士领誓。面对党旗,钟南山说:"现在正是需要党员站出来的时候。"

2 月 18 日,武汉协和医院,来自天津的 72 岁党员张伯礼院士正在接受胆囊摘除手术。25 天前,他临危受命,被中央疫情防控指导组急召支援武汉,因为劳累过度引发胆囊旧疾。仅仅在胆囊摘除手术后的第三天,他顾不得身体虚弱,再次投入紧张的工作。

疫情来袭,华山医院感染科党支部书记张文宏发出了"共产党员,跟我上!"的号召。这号召,是那么令人熟悉,这句话曾经回响在井冈山上、平型关上,也曾回响于九江大堤、汶川震中。今天,在抗击疫情的第一线,我们又听到了这熟悉的声音。

共产党员、院长、医生,是武汉市金银潭医院张定宇的三重身份。"无论哪个身份,在这非常时期、危急时刻,都没理由退半步,必须坚决顶上去!"早已身患渐冻症的张定宇这一刻异常坚定。

"若有战,召必回,战必胜!"曾奉命赴北京小汤山抗击"非典"的南方医院医疗队主动请战。"广东省组建支援医疗队之前,我们几个'老兵'就写了'请战书'。"南方医院肝脏肿瘤中心主任、共产党员郭亚兵说:"这种时刻,党员就是'战士',冲锋在前责无旁贷。"

"党员就是火种,在这里,我们一样能发挥自己的作用。"48 岁的刘海艳是武汉市新华街道循礼社区党委书记,确诊后住进方舱医院，她有了一个新身份——江汉方舱医院病患临时党支部书记。收集病友需求、分发药品食物……在舱内，这位"老书记"架起了医护人员与患者的桥梁。

没有谁生而无畏，只是选择了无畏。白衣执甲，逆行出征。340多支医疗队、4.26万名医务人员星夜驰援湖北，与50多万湖北医务工作者一道，和时间赛跑，同病魔较量，点亮生命的希望，驱散病毒的阴霾，以生命赴使命，用使命护生命。据统计，在抗疫前线殉职的医护人员中，70%是共产党员。党旗高高飘扬，这是用生命换来的辉煌。

"当祖国召唤的时候，闻令而动党员上，初心永不忘，使命肩上扛；当人民需要的时候，咱共产党员要担当，跟我上跟我上；保卫人民生命健康，跟我上跟我上，我要把忠诚写在这没有硝烟的战场……"这首广为传唱的《跟我上》，道出了奋战在疫情防控一线党员干部的共同心声，刻画出中国共产党人的精神肖像：关键时刻冲得上去、危难关头豁得出来，才是真正的共产党人。

大疫当前，每个人都是一道防线，每个人都是一名战士。倚着门框睡着了的白衣天使，冒着危险采集病毒样本的科研人员，24小时值守在村庄、街巷、楼宇、关卡前的保安、民警、下沉干部、社区工作者，义务接送医护人员的出租车司机，穿梭在大街小巷的快递小哥，主动捐献血浆的康复患者……在这场抗疫斗争中，华夏大地涌现出无数平民英雄。没有豪言壮语，不见得惊天动地，他们以一个个凡人善举，书写着大爱忠诚，传递着温暖信心。在这个没有硝烟的战场上，无数党员用奋斗和牺牲诠释了"共产党人"的含义、增添了党旗的荣光。经此一役，我们这个百年大党注入了更加雄健、更加蓬勃的力量。

自疫情发生以来，在习近平总书记率先垂范下，广大共产党员踊跃捐款，表达对新冠肺炎疫情防控工作的支持。7900 多万共产党员为疫情捐款达 80 多亿元。黑龙江的大米、内蒙古的土豆、西藏的牦牛肉、辽宁的大白菜……疫区需要什么，全国就统筹协调什么，疫区紧缺什么，全国就生产运输什么。一件件物资、一笔笔款项，伴随着"武汉加油""武汉必胜"的口号，犹如潺潺暖流日夜兼程抵达武汉。

为中国人民谋幸福、为中华民族谋复兴，这是中国共产党人的初心和使命。实践证明，党的领导是战胜一切困难风险的定海神针，是中国特色社会主义制度的最大优势。在新冠肺炎疫情防控阻击战中，党的政治优势、组织优势、密切联系群众优势不断转化为强大的治理效能，构筑起疫情防控的钢铁长城，有力地保障了广大人民群众的生命安全和身体健康。实践证明，中国共产党始终是战斗在抗疫最前线的核心力量，始终是中华民族伟大复兴的核心力量。

08

共产党员李文亮

2020 年 5 月 30 日，针对美国议员提案中将中国驻美使馆的一个路段改为"李文亮广场"的言论，李文亮妻子付雪洁在微博发文中明确表示："文亮是一名共产党员，他深爱他的祖国。他若有知，一定不会允许有人借他的名义来伤害他的祖国。"

自疫情发生以来，一些敌对势力为了攻击中国共产党和中国政府，给李文亮医生贴上了对抗体制的"英雄""觉醒者"等标签。借李文亮医生的逝世诋毁我们的制度、体制，试图动摇我们抗击疫情斗争的根基、信心和决心，试图撕裂我们的社会凝聚力。然而事实胜于雄辩。

2020 年 2 月 20 日，国家监察委员会决定派出调查组赴湖北省武汉市，就群众反映的涉及李文亮医生的有关情况依法开展调查。3 月 19 日，国家监察委调查组负责人在接受记者采访时表示，李文亮是共产党员，不是所谓的"反体制人物"。4 月 2

日，湖北省人民政府根据《烈士褒扬条例》和《退役军人事务部中央军委政治工作部关于妥善做好新冠肺炎疫情防控牺牲人员烈士褒扬工作的通知》精神，评定李文亮为烈士。① "烈士"是党和国家授予的为国家、社会和人民英勇献身的公民的最高荣誉称号。

在抗击疫情的战场上，广大医务工作者白衣执甲、逆行出征，日夜奋战、舍生忘死，为保护人民生命健康做出了重大贡献。一些医务人员确诊感染新冠肺炎，有的以身殉职。每一位不幸去世的医务人员都令人无比痛心。

李文亮医生是在疫情防控一线为坚决打赢湖北保卫战、武汉保卫战做出突出贡献的优秀共产党员，是新时代最可爱的人。

平凡是爱祖国最好的方式

李文亮在大学期间，争取第一批入了党。

2009年庆祝新中国成立60周年之际，作为武汉大学第一临床医学院教学总支学生第三党支部的一名大学生党员，李文亮写了一首诗《我的祖国》——"我的祖国，原谅一个少年人，他不够宽广的内心；他除了爱他能触摸得到的人和事物，他做不了别的什么；他想，如果每个人能做好他（她）自己；那，也是爱

---

① 《湖北14名新冠肺炎疫情防控一线牺牲人员被评定为首批烈士》，新华网。

祖国的最好方式吧！"

对党和国家的感情，李文亮从不在嘴上表达。党章、纪念胸针发下来，他要仔细放在装手表或者装首饰的盒子里。电影院常年有不少动画片，但李文亮带儿子看的第一部电影是《我和我的祖国》，教儿子唱的第一首歌也是《我和我的祖国》。2017年10月22日是个周末，李文亮在电脑前看党的十九大直播视频，还在微博上写下"周末也要学习"。10月31日傍晚，他又读了《长江日报》，学习党的十九大精神，这都是他自己的日常记录，并不是写给别人看的。

对党、对国家深沉的爱，化成危机时刻的挺身而出。

危机是群体性的，但群体性危机是这个社会的每一个人的选择结果。每一个人选择的总和，既造就了人们所看到的现时局面，也决定这个局面的未来走向。

习近平总书记说："关键时刻冲得上去，危难关头豁得出来，才是真正的共产党人。"①

2019年12月，在人们对新冠肺炎的认识还很有限的时候，李文亮挺身而出，率先在专业人员的范围内拉响警报，体现了其高度的专业性。他这份挺身而出的平凡，不正是对爱国最好的诠释吗？

---

① 习近平：《在统筹推进新冠肺炎疫情防控和经济社会发展工作部署会议上的讲话》，新华网。

他是敢讲真话的共产党员

讲真话,道实情,是党员干部的基本要求,是我们党加强作风建设的重要举措,也是社会和谐进步的必然要求。

能否为民直言,敢讲真话,是检验一个人的世界观、人生观和价值观的"试金石"。毛泽东在党的七大上,将是否讲真话作为党内存在的一个问题专门提出来,指出:"讲真话,每个普通的人都应该如此,每个共产党人更应该如此。"①

如果一事当前首先考虑个人得失,一碰到压力就向后缩,不敢讲真话,不敢进行斗争,那又怎么能维护真理,捍卫党和人民的利益呢?为了维护党和人民的利益,即使个人付出一定的代价,也很值得,也完全应当去做。

李文亮就是这样一位敢讲真话的共产党员。

他转发、发布相关信息,主观上是想提醒同学、同事注意防范,信息被大量转发后引发社会关注,客观上对各方面重视疫情、加强防控起到了推动作用。尽管一度被误解、受委屈,但他依然坚持真理、求索真知,积极投入疫情防治工作,用行动展现了医德医风。

他是有责任感的共产党员

一个共产党员的党性要求是多方面的。树立革命的事业心

---

① 《毛泽东文集》(第三卷),人民出版社,1996年,第349页。

和责任感,发扬自我牺牲精神是重要的组成部分。

毛泽东曾指出:"一个共产党员,应该是襟怀坦白,忠实,积极,以革命利益为第一生命,以个人利益服从革命利益;无论何时何地,坚持正确的原则,同一切不正确的思想和行为作不疲倦的斗争,用以巩固党的集体生活,巩固党和群众的联系;关心党和群众比关心个人为重,关心他人比关心自己为重。这样才算得一个共产党员。"①

共产党员的责任感让李文亮勇敢地冲在战"疫"一线……所以我们看到当时接受警方训诫后,他还是一如既往地接诊这类病人,直到1月8日受到感染;所以我们看到即使躺在了病床上,他却还是在思考着用自己被感染的实例来证明病毒存在着人传人的可能;所以我们看到了1月23日,当医院号召党员报名,支援汉口医院,投入抗疫第一线时,他也在微信群里回复:"我好了也报名。" 所以我们看到在发布病情的微博里,他表示"等我病好了我就会上一线"。

在种种举动中,李文亮显示出一个共产党员的本色。在思想上,他秉持的是"公心为民、始终将人民群众的切身利益放在第一位"的原则。在言行上,他讲操守、重品行、有担当,与党的要求保持一致。这种事不避难、义不逃责的担当,令人肃然起敬。

2020年3月5日,李文亮被授予"全国卫生健康系统新冠肺炎疫情防控工作先进个人"称号,4月2日被评定为烈士。4

①《毛泽东选集》(第二卷),人民出版社,1991年,第361页。

月 28 日，共青团中央、全国青联共同颁授第 24 届"中国青年五四奖章"，表彰青年中的优秀典型和模范代表。李文亮医生被追授"中国青年五四奖章"。

致敬李文亮。

斯人已逝，是非自明。他为国家尽忠，为医疗事业尽职，为广大患者尽责，他无愧于这个伟大的时代，也无愧于这个伟大的国家，他是我们心中最可爱的人！

09

"人民立场"还是"资本立场"

这是一场危机，更是一场大考。突如其来的新冠肺炎疫情，是第二次世界大战结束以来人类经历的最严重的全球公共卫生突发事件，也是世界各国面临的一次"人权大考"。病毒没有国界，疫病不分种族，像一面镜子。一个政权、一种制度，任你嘴上说得天花乱坠、拍着胸脯信誓旦旦，关键时候到底为了谁，危急关头到底孰优孰劣，定会原形毕露、一目了然。

保护人民生命安全和身体健康可以不惜一切代价

对中国共产党人而言，疫情考验她的执政能力，更考验她的初心与使命。考验中国共产党人还能不能战斗，更考验共产党人到底为了谁。

面对突如其来的疫情，以习近平同志为核心的党中央统筹全局、果断决策，坚持把人民生命安全和身体健康放在第一位,全党全军全国各族人民上下同心、全力以赴,采取最严格、最全面、最彻底的防控举措,用一个多月的时间初步遏制了疫情蔓延势头,用两个月左右的时间将本土每日新增病例控制在个位数以内,用三个月左右的时间取得了武汉保卫战、湖北保卫战的决定性成果。面对新中国成立以来传播速度最快、感染范围最广、防控难度最大的重大突发公共卫生事件,我们依靠什么在与疫魔的斗争中占得上风?

"战胜这次疫情,给我们力量和信心的是中国人民"①,"我们取得这场斗争胜利要靠人民群众"②"全国各族人民都以不同方式积极参与了这场疫情防控斗争,凝聚起坚不可摧的强大力量"③……习近平总书记早已给出了答案。

人民是历史的创造者,是中国共产党人攻坚克难唯一可以依靠的力量。在共产党人看来,人民利益高于一切,民之所向,我之所往。

疫情发生时正值中国人民最重要的传统节日春节,许多人已经踏上回家的路,数万亿的春节消费大幕也已拉开。病毒来者不善,在维护人民生命安全、遏制疫情蔓延与维护春节氛围和推动经济发展之间,党中央从一开始就毫不犹豫地选择了前者,以宁可一段时间内经济下滑甚至短期"停摆",也要对人民负责、对生命负责的巨大政治勇气,对湖北省尤其是武汉市果

---

① 《习近平同波兰总统杜达通电话》,新华网。
② 《1个月3次亲临一线!战"疫"中总书记和人民在一起》,人民网。
③ 《中共中央召开党外人士座谈会 习近平主持并发表重要讲话》,新华网。

断采取史无前例的全面严格管控措施。同时，延长春节假期，为可能出现的春运人潮踩了"急刹车"，全国企业和学校延期开工开学，全国人民居家隔离，迅速遏制了疫情的传播蔓延。

"对我们这样一个拥有 14 亿人口的发展中国家来说，能在较短时间内有效控制疫情，保障了人民基本生活，十分不易、成之惟艰。我们也付出巨大代价，一季度经济出现负增长，生产生活秩序受到冲击，但生命至上，这是必须承受也是值得付出的代价。"①李克强总理在全国两会上的报告言犹在耳。正如英国《柳叶刀》社论认为："中国的成功也伴随着巨大的社会和经济代价，中国必须做出艰难的决定，从而在国民健康与经济保护之间获得最佳平衡。"不错，存地失人，人地皆失；存人失地，人地皆得。这是中国共产党人百年革命斗争的经验总结，更是引领我们战胜疫魔的根本保证。在中国共产党人看来，人权有很多种，但没有什么比人民的生命安全和身体健康更加重要。

站稳人民立场就要依靠人民。"新冠肺炎疫情防控工作是一场人民战争，要相信群众、发动群众，充分发挥社区在疫情防控工作中的'阻击作用'。"②习近平总书记说。

在武汉，3300 多个社区、村湾实行封闭管理，1.2 万名网格员承担起疫情统计、代购搬运等职责。

---

① 李克强：《政府工作报告——2020 年 5 月 22 日在第十三届全国人民代表大会第三次会议上》，《人民日报》，2020 年 5 月 30 日。
② 《风雨无阻向前进——写在全国疫情防控阻击战取得重大战略成果之际》，人民网。

在湖北，全省累计排查、核查 1315 万余人次，累计追踪密切接触者 27.4 万余人，转运收治确诊患者、疑似患者、发热患者、密切接触者"四类人员"8.2 万余人次。

在全国，400 多万名城乡社区工作者严防死守，不断织密 65 万个城乡社区防控网，亿万人民主动配合，筑起坚不可摧的战"疫"长城。截至 5 月 10 日，全国参与疫情防控的注册志愿者达 724 万人，志愿服务项目超过 37.2 万个，记录志愿服务时间超过 2.4 亿小时。

从长江两岸到白山黑水，从中原大地到东海之滨，在党中央的领导下，群防群控，众志成城。

站稳人民立场就要关心人民。"各级党委和政府及有关部门要把人民群众生命安全和身体健康放在第一位"①，"武汉人喜欢吃活鱼，在条件允许的情况下应多组织供应"②，"给人民群众当服务员，不能干巴巴、硬邦邦的"③……北京、武汉、浙江、陕西、山西、宁夏，战"疫"时刻，不管走到哪里，总书记心里惦念的永远是人民。

76 个日日夜夜，1800 多个小时，离汉离鄂通道虽然关闭，但湖北武汉没有变成"孤岛"。中央加强联动协调，保障全国特别是湖北生活必需品的生产、存储及价格稳定。依托省际联保联供协作机制保障货源，开辟"绿色通道"，投放中央冻猪肉储

① 《把人民群众生命安全和身体健康放在第一位》，人民网。
② 《"武汉人民喜欢吃活鱼，多组织供应"》，《人民日报》，2020 年 3 月 12 日。
③ 《做好深入细致的群众工作》，《人民日报》，2020 年 3 月 14 日。

备和扩容"特价蔬菜包";紧盯"南菜北运"生产大省,增加"菜篮子"产品生产;启动"保价格、保质量、保供应"系列行动,组织紧急物资运输队伍,使湖北省尤其是武汉市长时间居家隔离措施得以顺利实施。

经济社会是一个动态循环系统,不能长时间停摆。在疫情防控取得阶段性成效的关键时刻,党中央准确把握疫情形势变化,作出统筹推进疫情防控和经济社会发展的重大决策,有序恢复生产生活秩序,推动落实分区分级精准复工复产,最大限度保障民生和人民正常生产生活。随着本土疫情防控取得重大战略性成果,及时采取"外防输入、内防反弹"的防控策略,坚决防止来之不易的持续向好形势发生逆转,坚决防止人民生命安全再次面临病毒威胁。

回望这场英勇无畏的人民战争,参战人数之多、持续时间之长、付出牺牲之大、战斗性质之特殊,都值得大书特书、载入史册。在以习近平同志为核心的党中央坚强领导下,中国人民在战"疫"中再次展现出创造历史、改变历史的磅礴伟力。以令世界惊叹的团结、坚韧、责任和自律,坚决打退了狡诈而险恶的疫魔,书写了新时代人民史诗。

死十万人已是"了不起的成就"

"歌诗达赛琳娜"和"钻石公主",这不是两个公主的名字,而是两艘邮轮的名字。新冠肺炎疫情席卷全球,就连航行在海上的豪华国际邮轮也难逃一劫，纷纷传出疫情。

1月24日，除夕之夜，准备停靠天津港的"歌诗达赛琳娜"号邮轮报告，船上15人发热，共有148名中国湖北游客。面对存在严重疫情隐患的国际邮轮和面临生命健康威胁的各国乘客、船员，天津市委、市政府在第一时间作出决定，接收邮轮，不让全船人员成为"海上孤儿"。在市委、市政府的统一指挥下，卫生健康、海关、海事、公安和地方政府等多部门协同作战、高效联动、无缝衔接，将效率提升到极致。经过24小时连续奋战，对乘客、船员全部完成检测、疏散、安置，无一例感染，成功捍卫了全船4806人的生命安全和身体健康。

反观"钻石公主"号邮轮的处置过程，英、美两国唯恐避之不及，而日本在巨大的国际舆论压力下虽被迫接收，但样本检测严重滞后、隔离空间严重不足，一系列失误操作造成的结果是全船3711人中，就有712人确诊、10人死亡。

同属一家公司的邮轮，同样面临疫情危机，同样面临人员密集、空间密闭、归属关系复杂等挑战，为何出现了两种截然不同的命运？区别就在于，与全球发生疫情的55艘邮轮，尤其最严重的"钻石公主"号相比，"歌诗达赛琳娜"号停靠的地方是：中国，天津港。

在没有参考答案的邮轮疫情处置"闭卷考试"中，中国为何能够取得满分呢？美国政治作家萨拉·弗朗德斯的话可谓一针见血："中国针对新型冠状病毒所采取的措施在资本主义国家是闻所未闻的。在危机中或紧急状态下,人民的福祉优先于资本主义的利润。"

换言之,在资本主义制度下,资本的利润永远比人民的生命更为重要。在人民与资本这道题目面前,资本主义显然从一开始就选择了后者。

在 2020 年 5 月 11 日发布的一条推文中,特朗普这样说道:"新冠肺炎病例数看起来好多了,几乎所有地方都在下降,正在取得重大进展!"在当天的白宫记者会上,他再次高调宣称:"我们成功应对了艰难局面,我们胜利了。"

正是基于这种判断,特朗普开始大力推动复工,甚至带头鼓励违反禁令。在美联储一系列强力政策的刺激下,人们看到的都是美国政府对股市和就业指数回升的兴高采烈,好像只要经济能恢复,其他一切问题就都可以解决。虽然每天的确诊甚至死亡病例还在剧烈增长,但他们极力装出一副疫情可防可控的样子,而且拼命鼓励美国民众也把它忘掉。

然而讽刺的是,据美国媒体报道,就在本国新冠肺炎确诊病例数飞速蹿升之际,包括美国国会参议院情报委员会主席、共和党人理查德·伯尔在内的多名议员早在 2 月中上旬美国疫情暴发、股市崩溃前,一边对公众表示对疫情的满不在乎,另一边却抛掉了大量股票。

根据《纽约时报》网站 2020 年 4 月 13 日报道,白宫新冠病毒应对工作组与国家安全委员会在 2 月 14 日就合作准备了一

份题为 "美国政府应对 2019 年新型冠状病毒的措施" 的备忘录,其中明确建议采取包括 "大幅限制公众集会规模,取消几乎所有体育赛事和表演,取消不能通过电话召开的公众和私人会议,考虑学校停课" 等严格的疫情管制措施。然而决策层在听取相关措施将导致美国股市崩盘的判断后,立刻否决了该备忘录。可见美国政府在抗疫决策上在资本利益和人民利益之间进行了价值排序,并未把民众的生命权和健康权放在第一位,反而优先考虑资本市场的反应,导致政府既未对民众进行有效示警,也没有为疫情大流行所带来的潜在医疗资源消耗作准备,把美国民众推向感染和死亡的边缘。

一样是人为什么会有两种命运?

疫情是一面镜子,照出了人生百态,也照出了世态炎凉;照出了谁是人民的主人,也照出了谁才是人民的仆人。

马克思在《资本论》中早就说过:"资本来到世间,从头到脚,每个毛孔都滴着血和肮脏的东西……如果有 10% 的利润,它就保证到处被使用;有 20% 的利润,它就活跃起来;有 50% 的利润,它就铤而走险;为了 100% 的利润,它就敢践踏一切人间法律;有 300% 的利润,它就敢犯任何罪行,甚至冒绞首的危险。"[1]江山易改,本性难移。100 多年过去了,资本还是那个资本,人民在它面前依然是跪着的。

---

[1]《马克思恩格斯选集》(第二卷),人民出版社,2012 年,第 297 页。

一边是感染了不到 10 万人就认为很严重、使出全部力气阻止病毒传播的国家，另一边是感染了 200 多万人政府依然无所谓，并强迫公众适应这一感染率的国家。双方的价值观差异注定很大，沟通很难，特别是当后者咄咄逼人地向前者"甩锅"并发动舆论攻势的时候。

"问苍茫大地，谁主沉浮？"人民是历史的创造者，是决定党和国家前途命运的根本力量。

习近平总书记说："我们讲宗旨，讲了很多话，说到底还是为人民服务这句话。为人民服务是共产党人的天职。"[1]为什么人、靠什么人的问题，是检验一个政党、一个政权性质的试金石。人民立场是中国共产党的根本政治立场，是我们党作为马克思主义政党区别于其他政党的显著标志。坚持以人民为中心的根本立场，任何时候都把人民群众的利益放在第一位，这是中国共产党始终得到人民信赖和拥护的根本原因，也是这个百年大党带领亿万人民不断创造新奇迹的成功秘诀。

---

① 习近平：《做焦裕禄式的县委书记》，中央文献出版社，2015 年，第 24 页。

10

"生命"还是"选票"

在重大危机面前，对待生命的态度检验着一个国家、一个政党的道德良知和价值取向。

任何时候，人民的生命都高于一切

中国共产党区别于其他任何政党的一个显著标志，就是把人民看得比天还高、比地还厚，深深根植于人民，一刻也不脱离群众。

早在 1949 年冬，溃退到中国台湾的蒋介石召集一批人聚集在日月潭，反省失败的原因。他认为："主要的原因，是由于我们军事的崩溃。"蒋介石不会懂得，也不愿正视，关键在于，中国共产党所领导的中国人民解放军是人民的军队、人民的子弟兵，所以必然无往而不胜；而他所统领的军队代表的是中国腐朽、没落的政治力量，必然溃不成军。殊不知，他的爱将杜聿明早在辽沈战败之时就已经替他作出了回答："人家共产党自有一套主张,懂得发动民众,争取民心。我们懂得什么?还不是大家都想着发财!"

20世纪初,孙中山讲,四万万中国人一盘散沙而已。50年代,西方讲,新中国已经成为全世界组织化程度最高的国家。仅仅半个世纪,天翻地覆,换了人间。是人民变了吗?没有。不还是从五千年历史走来的四万万人?为什么结果不一样了?是领导人民的力量不一样了。

为什么人民愿意跟着共产党走,跟着共产党干?"我们把老百姓放在心上,老百姓才会把我们放在心上。"①大道至简,习近平总书记这句话可以说一针见血、直抵人心。

我们身处的这个世界,有着形形色色的权利,有些是先天禀赋,有些是后天所得。然而在突如其来的疫魔面前,生存权无疑是最基本的人权。"人民生命重于泰山!只要是为了人民的生命负责,那么什么代价、什么后果都要担当。"②疫魔面前,习近平总书记决断有力、掷地有声。

不惜一切代价抢救生命。疫情初期,面对急剧增多的病毒感染者,党中央要求把提高治愈率、降低病亡率作为首要任务,把优质资源集中到救治一线,从出生仅30个小时的婴儿至

①《习近平在上海考察》,新华网。
②《风雨无阻向前进——写在全国疫情防控阻击战取得重大战略成果之际》,《人民日报》,2020年5月18日。

100 多岁的老人，不计代价抢救每一位患者的生命。为满足重症患者救治需要，想尽一切办法筹措 ECMO 设备，能买尽买，能调尽调。16 家方舱医院累计收治患者 1.2 万余人，累计治愈出院 8000 余人、转院 3500 余人，实现"零感染、零死亡、零回头"。武汉市重症定点医院累计收治重症病例 9600 多例，转归为治愈的占比从 14% 提高到 89%，超过一般病毒性肺炎救治平均水平。对伴有基础性疾病的老年患者，一人一案、精准施策，只要有一丝希望绝不轻易放弃，只要有抢救需要，人员、药品、设备、经费全力保障。自疫情发生以来，仅湖北省就成功治愈 3000 余位 80 岁以上、7 位百岁以上新冠肺炎患者，多位重症老年患者是从死亡线上被抢救回来的。

为了抢救生命，可以不计一切成本，经济也可以被按下"暂停键"。在人类历史上，由于疫情而管控一座千万级人口城市的人员流动从未有过。又值阖家团圆的传统佳节，更显不同寻常。习近平总书记亲自作出这一战略决策，他强调："作出这一决策，需要巨大政治勇气，但该出手时必须出手，否则当断不断、反受其乱。"[①]曾经熙熙攘攘的高速公路、铁路、航空枢纽停运了，曾经人流如织的街市和景点沉寂了。现在回过头去看一看，其代价确实是巨大的。一季度，我国国民生产总值比去年同期下降 6.8%，也就是说基本回到了 2018 年一季度的水平。但无论如何，人

---

① 《风雨无阻向前进——写在全国疫情防控阻击战取得重大战略成果之际》，《人民日报》，2020 年 5 月 18 日。

的生命只有一次,在生命的最高伦理面前,其他一切事物都是苍白的。中国共产党、中华人民共和国绝不放弃任何一个病人、一条生命。

调集全国最优秀的医生、最先进的设备、最急需的资源,全力以赴投入疫病救治,救治费用全部由国家承担,最大程度提高检测率、治愈率,最大程度降低感染率、病亡率……人民至上,这是中国共产党人在大考中彰显的宗旨信念;生命至上,这是中华民族在磨难中坚守的价值追求。

2020 年 4 月 4 日清明节,国旗低垂、全国哀悼,深切悼念在抗击疫情斗争中牺牲的烈士和逝世同胞,为没有等来春天的生命默哀,向所有用生命守护生命的英雄致敬。从党和国家领导人到普通民众,14 亿中国人民以最深的怀念为牺牲烈士和逝世同胞送行。中国以国家之名和最高仪式祭奠逝者,是国家对人民个体尊严与生命的尊重与敬畏,是 14 亿中国人民集体情感背后的团结和力量。

生命至上! 人民至上!

我就是想站着,还把选票挣了

既然西方价值观强调个人主义,那么就更应该重视每一个鲜活的生命,就像美国大片《拯救大兵瑞恩》里那样,一队人为了救一个人。然而那只是电影,这样的事情在现实中的美国却从未发生,甚至几万、十几万的死亡人口在执政者看来,只不过是苍白无力的数字。试问这样的政治制度，又有什么价值观可言？

"是时候重振史上最伟大的经济了。""我们成功应对了艰难局面，我们胜利了。"

时钟拨回到2020年5月14日，早在那个时候，特朗普就置公共卫生专家的忠告于不顾，在推特上迫不及待发表了恢复经济的豪言壮语。而当时美国新冠肺炎确诊病例已达141万之多，并且每日还在以2万多的数量急剧增长。如此令人心惊的数字，却让特朗普得出完全不同的结论。原因何在呢？

"特朗普在取悦那些失去工作的美国人，而不是那些失去生命的"，"而这个策略可能还真会起作用"。美国有线电视新闻网（CNN）这句话无疑戳中了特朗普的痛点。原因再简单不过了，"反正死人不会投票"。

为什么面对二战以来最严重的人道主义灾难，美国政客不思抗疫却还在忙着"甩锅"？为什么美国要篡改死亡数字，掩盖真实的死亡人数？为什么在小小的病毒检测面前，富人、名人和普通人的遭遇却大不相同？为什么联邦政府和州政府在忙着吵架，民主与共和两党也在不遗余力攻击对方？为什么特朗普颠倒黑白、满嘴谎言，拼了命地自我表扬，还要费尽心力指责拜登"对华友好"？总之一句话，面对疫情，为什么美国当局昏招频出、进退失序、频频"甩锅"、屡屡挑战人类道德底线呢？

现在我们彻底明白了，原来今年又是大选之年，"人类希望、世界灯塔、人权卫士"又要开始四年一度的"民主游戏"了。

将抗疫问题政治化。疫情在美国暴发后，一些美国政客并不把保障人民的生命和健康作为首要任务，反而将疫情作为攻击政治对手的武器，谋求选举利益。权威医学杂志《柳叶刀》网站 2020 年 5 月 16 日罕见地发表社论，直指美国的公共卫生领域受到政党政治的干预，美国疾病预防与控制中心的作用被一再削弱，美国政府不积极采取检测、追踪和隔离等基本医疗防疫措施，反而寄希望于疫苗、新药，甚至盼望病毒最终会"神奇消失"。美国著名政治学者弗朗西斯·福山 2020 年 5 月 4 日在《国家利益》网站发表《美国政治腐朽的代价》一文，指出政党政治的高度极化使得政治制衡制度成为决策不可逾越的障碍；疫情大流行原本应该成为抛开分歧、展现团结的机会，却进一步加深了政治极化。政客将疫情视为攫取权力和党派利益的契机，而这却是以不计其数的美国普通民众的生命为代价的。

置底层民众生命安全于不顾。5 月 23 日，特朗普针对纽约等地爆发的骚乱密集发"推文"，其中一条令所有人大跌眼镜。特朗普称："纽约市，呼叫国民警卫队吧。那些低等生命和失败者正在撕裂你。快点行动！别再犯当初在老人院上一样可怕致命的错误！""低等生命和失败者"，这样的话竟然堂而皇之地从一向以"人权卫士""民主灯塔"自居的美国最高领导者嘴里说出来。事实上，只要我们随便截取美国应对疫情的几个片段,就不难发现,特朗普其实并没有撒谎,他只是说出来许多政客早已在做却一直羞于启齿的事实罢了。

《纽约时报》网站 2020 年 3 月 19 日报道,美国众多权贵在各州检测设备短缺且自身无感染症状的情况下,难以言明地进行了病毒检测。这种明显的不公平现象令民众愈发质疑:在医护人员和许多病人都无法得到诊断时,权贵阶层凭借特权获得优先检测是否意味着剥夺了普通人的检测机会。英国《卫报》网站 3 月 21 日则直接刊文指出:"泰坦尼克号撞击冰山沉没的时候,妇女和儿童首先被保护和救助;但是在新冠病毒面前,美国却是富人和权势群体优先获救。"然而面对新冠病毒检测上的"贫富差距",特朗普非但没有表现出半分的愧疚与不安,而只是选择耸耸肩膀用一句"这就是人生"敷衍了事。

在治疗费用方面,根据哥伦比亚广播公司 2019 年的报道,近 40% 的美国人无法支付 400 美元的意外开支,有 25% 的美国人因为负担不起医疗费用而不得不放弃必要的治疗。美国《大西洋月刊》网站 2020 年 4 月报道,美国低收入人群患病后,"通常会延迟去看医生,不是因为他们不想康复,而是因为根本没有钱"。面对新冠肺炎疫情,美国有数千万人没有医疗保险,而新冠肺炎重症监护费用却高达数万美元。根据盖洛普公司的一项调查显示,1/7 的美国成年人表示,如果他们自己或家庭成员出现新冠肺炎相关症状,将因为担心负担不起治疗费用而放弃治疗。

老年人成为政府抗疫不力的"牺牲品"。尽管联合国秘书长古特雷斯多次强调,老年人和年轻人享有同等的生命权和健康权,疫情之下谁也不能被牺牲、被抛弃。然而在疫情中原本就面临更大风险的美国老年人群体,因年龄歧视被进一步弱化和边缘化,生命权无法得到基本保障。2020 年 3 月 23 日和 4 月 22 日,得克萨斯州副州长丹·帕特里克在接受福克斯新闻网采访时两次表示,他"宁愿死也不愿看到公共卫生措施损害美国经济",并且同意以老年人的生命为代价"冒险重启美国经济"。《纽约时报》网站 5 月 11 日报道,美国养老院等老年人长期照护机构已有至少 2.81 万名入住者和工作人员死于新冠病毒感染,约占美国新冠死亡病例的 1/3。《大西洋月刊》网站 3 月 28 日和 4 月 29 日先后刊发《年龄歧视使疫情恶化》《我们正在杀死老年人》两篇文章,指出美国的老年人长期照护系统存在资金投入、人员配备不足等严重缺陷,在保障老年人权益方面"比其他国家应对较弱"。《华盛顿邮报》网站 5 月 9 日报道称,美国的抗疫行动"成了一场国家批准的屠杀","它故意牺牲老年人、工人、非洲裔和拉美裔人口"。

少数族群在疫情中承受巨大的种族不平等。种族歧视深深根植于美国的历史与现实之中,而新冠肺炎疫情就像一面放大镜,将种族歧视带来的恶果以更加悲剧的形式呈现出来。密歇根州卫生与公共服务部 2020 年 4 月 2 日公布的该州新冠肺炎确诊和死亡病例种族构成数据显示，非洲裔仅占该州总人口的12%，却占确诊病例的33%，死亡病例占比更高达40%。美国疾病预防与控制中心公布的全国性统计数据显示，截至5月13日，美国新冠肺炎致死病例中非洲裔占22.4%，明显高于其在总人口中12.5%的份额。堪萨斯州、伊利诺伊州和密苏里州的非洲裔分别仅占总人口的5.7%、14.1%、11.6%，在死亡病例中占比却分别高达29.7%、30.3%和35.1%。《纽约时报》网站4月14日报道指出，非洲裔和拉美裔的感染率和死亡率之所以居高不下，是因为"今天他们在健康上的差距，直接来自于历史上财富和机会的不平等"。非洲裔和拉美裔美国人比白人更有可能从事维持社会运行所必需的工作，他们贫困率较高，更容易患糖尿病和高血压等"共病"，使得他们更易感染新冠病毒。

人是不能永远活在梦里的。美国约翰斯·霍普金斯大学发布的疫情数据显示，截至北京时间8月16日5时33分，美国累计确诊5348556例，累计死亡169313例。两项数据均大幅度高于其他国家或地区。这对于全球经济和科技实力最强、医疗资源最丰富的美国而言，无疑是一个令人悲伤的讽刺。

救人与率兽食人，正是"人猿相揖别"的标志

西方政党乃是私党、分立之党、派系之党、轮流坐庄之党。西方选举体制就是走一步、看一步，不需要什么长远打算。因为谁也不知道自己还有没有下一个四年。选举的时候他们想的是能不能执政,执政以后他们想的是能不能继续执政。他们眼里哪有什么长远利益,不过是如何赢得选票的算计。疫情来了,当西方的精英们追求财富和权力的自由到了不顾一切的程度时,民众们不要说自由,连基本的生存权都将失去。所以我们看到,为了选举,特朗普不惜将自己的一党之私凌驾于美国人民的生命之上;为了选举,不惜大打"追究中国责任"牌,极尽所能强化美国社会对中国的愤恨;为了选举,不惜破坏全球团结抗疫,打击客观评价中国抗疫的世界卫生组织,而且还严重加剧了大国紧张关系,让国际关系出现了冷战结束以来前所未有的不确定性。

疫情是一面镜子,它瞬间照穿了自由民主制的神话,毫不留情地扯下了资本主义最后一块遮羞布。将金钱利益和政治斗争凌驾于生命之上,虽然是一种隐秘的选择,但却是在公开的理论之下公然推行的。

与之形成鲜明对照,新中国成立七十多年来,无论是面对汹涌的洪水、惨烈的地震,还是肆虐的疫情,中国共产党和中国政府始终把人民生命安全和身体健康放在第一位。这既源于执政党高度的政治自觉,也是一代代共产党人矢志不移的使命担当,始终坚守的执政理念。

经此一疫,我们更加坚信,在世间一切事物中,人是最宝贵的。人的生命权,是一切人权的原点。不能够或者不愿意保卫本国人民生命的国家及其政府，不仅不能被称之为人权的典范，就连其是否有资格称之为人类文明社会的一员，也要打一个大大的问号。

11

"肝胆相照"还是"倾轧相争"

政党政治是现代政治的主流形式。世界上的政党那么多，但总结起来无非就是两种关系——合作或者竞争。

风雨同舟、共克时艰、相向而行

与西方社会竞争性的政党架构不同，中国共产党在长期的革命、建设和改革实践中与各民主党派和无党派人士走出了一条在中国共产党的领导下，以"长期共存、互相监督、肝胆相照、荣辱与共"为基本方针的多党合作和政治协商的制度模式。

1945 年 7 月，民主人士黄炎培在延安窑洞向毛泽东同志发出了著名的"黄炎培之问"。

"我生六十多年，耳闻的不说，所亲眼看到的，真所谓'其兴也勃焉'，'其亡也忽焉'，一人，一家，一团体，一地方，乃至一国，不少单位都没有能跳出这周期率的支配力……一部历史，

'政怠宦成'的也有，'人亡政息'的也有，'求荣取辱'的也有。总之没有能跳出这周期率。"毛泽东的回答干脆果断："我们已经找到新路，我们能跳出这周期率。这条新路，就是民主。只有让人民来监督政府，政府才不敢松懈。只有人人起来负责，才不会人亡政息。"在黄炎培看来，"这话是对的"，因为"只有把每一地方的事，公之于每一地方的人，才能使地地得人，人人得事。用民主来打破这周期率，怕是有效的"。①

毛泽东与黄炎培的延安"窑洞对"，在党史国史上具有重要意义。它不仅见证了中国共产党对人民民主的探索、对人民福祉的追求，更是中国共产党同民主党派荣辱与共、肝胆相照的真实写照。

在此之后的 1948 年，中共中央发布"五一口号"，得到各民主党派、无党派民主人士的热烈响应，并从此拉开了协商建国的序幕。1949 年 9 月 21 日晚，中南海怀仁堂，"中国人民政治协商会议第一届全体会议"的巨幅会标，告诉人们一个新的开始：人民政协制度诞生了，中国共产党领导的多党合作和政治协商制度诞生了，中国共产党与各民主党派团结合作的政治格局形成了。1956 年 4 月，毛泽东在《论十大关系》中再次强调："究竟是一个党好，还是几个党好？现在看来，恐怕是几个党好。不但过去如此，而且将来也可以如此，就是长期共存，互相

① 人民日报评论部：《习近平讲故事》，人民日报出版社，2017 年，第 39~40 页。

监督。"①中国共产党是执政党，各民主党派是参政党，并自觉接受中国共产党领导，与中国共产党亲密合作，避免了多党竞争、相互倾轧的弊端，成为我国政党制度的巨大优势。

改革开放以后，党中央进一步明确人民政协的性质、任务、主题、职能，推动人民政协性质和作用载入宪法，把中国共产党领导的多党合作和政治协商制度确立为我国的一项基本政治制度。

党的十八大以来，习近平总书记高度重视人民政协工作，作出许多影响深远的重要部署，有许多意味深长的精妙论述。2019年10月31日，党的十九届四中全会通过了《中共中央关于坚持和完善中国特色社会主义制度　推进国家治理体系和治理能力现代化若干重大问题的决定》。决定中强调指出："坚持和完善中国共产党领导的多党合作和政治协商制度。贯彻长期共存、互相监督、肝胆相照、荣辱与共的方针，加强中国特色社会主义政党制度建设，健全相互监督特别是中国共产党自觉接受监督、对重大决策部署贯彻落实情况实施专项监督等机制，完善民主党派中央直接向中共中央提出建议制度，完善支持民主党派和无党派人士履行职能方法，展现我国新型政党制度优势。"②

---

① 《毛泽东文集》(第七卷)，人民出版社，1999年，第34页。
② 《中共中央关于坚持和完善中国特色社会主义制度推进　国家治理体系和治理能力现代化若干重大问题的决定》，中华人民共和国中央人民政府网站。

国家治理不是"独角戏",而是多种力量的"协奏曲"。自疫情发生以来,各民主党派、工商联和无党派人士坚定不移同中国共产党想在一起、站在一起、干在一起,坚定不移同中国共产党同舟共济、风雨与共。各民主党派中央、全国工商联坚决贯彻中共中央决策部署,第一时间成立领导小组、发出通知,号召广大成员把思想和行动统一到中共中央决策部署上来,发挥人才优势、智力优势、联系广泛优势,组织 6 万余名民主党派医务人员投入疫情一线,围绕防止疫情扩散、帮助企业复工复产、防控境外疫情输入等重大问题调查研究、建言献策,协助各级党委和政府做好思想工作,加强宣传教育和舆论引导,同时号召广大成员踊跃捐款捐物,为做好疫情防控工作贡献力量。

面对肆虐的疫魔,民革湖北省各级组织和党员,积极响应号召,投身到各个"战线",为抗击疫情做出贡献。民盟、民进和农工党中的医卫界会员坚守防控一线,放弃春节休假,夜以继日地奋战在抗击新冠肺炎第一线,主动以血肉之躯抵抗肆虐的病毒。致公党中央委员会发挥"侨""海"优势,广泛凝聚海外华侨华人和留学生力量支援国内疫情防控,协助侨胞捐助款物精准对接抗击疫情第一线,发挥海外专家智力优势,就治疗方案、防控举措等积极建言献策。民建中央委员会号召动员社会各界爱心网友、演艺界人士及爱心企业捐赠善款,共同助力疫情防控攻坚战。九三学社在积极动员全社力量加强科学普及,坚定必胜信心的同时,还迅速行动起来,通过各种方式伸援手、献爱心,积极筹措防疫一线紧缺的各类物资送抵前线。台盟武汉市委会成立武汉台胞健康状况应急监测小组,并每日向武汉台胞群分享官方发布的权威信息,引导在汉台胞不造谣、不信谣、不传谣。

实践充分证明,中国共产党领导的多党合作和政治协商制度这一基本政治制度,是中国共产党、中国人民和各民主党派、无党派人士的伟大政治创造,是从中国土壤中生长出来的新型政党制度。这一新型政党制度,新就新在它是马克思主义政党理论同中国实际相结合的产物,能够真实、广泛、持久代表和实现最广大人民的根本利益、全国各族各界的根本利益,有效地避免了旧式政党制度代表少数人、少数利益集团的弊端;新就新在它把各个政党和无党派人士紧密团结起来、为着共同目标而奋斗,有效地避免了一党缺乏监督或者多党轮流坐庄、恶性竞争的弊端;新就新在它通过制度化、程序化、规范化的安排,集中各种意见和建议、推动决策科学化民主化,有效地避免了旧式政党制度囿于党派利益、阶级利益、区域和集团利益决策施政导致社会撕裂的弊端。这一新型政党制度,不仅符合当代中国实际,而且符合中华民族一贯倡导的天下为公、兼容并蓄、求同存异等优秀传统文化,是对人类政治文明的重大贡献。

攻讦对抗、相互掣肘、拼命作秀

以资本主义制度为代表的西方国家是人类现代化进程中的"先行者"。在资本主义社会,代表不同利益集团的各个政党在选举中进行激烈竞争,由取得选举胜利的政党或政党联盟上台执政。反之,在竞选中遭到失败的政党则成为反对党,对执政党进行制衡和监督,这样就形成了两个或多个政党通过竞选轮流上台执政的局面。

两党或多党竞争可以对资产阶级政党产生巨大的压力和动力,有利于维护资产阶级的政治统治。然而多党竞争、轮流执政又存在着无法克服的问题。

首先,每个政党所代表的只是某一个或部分资本家集团的利益,无论哪个政党上台执政,都必然首先维护支持他们上台的资本集团的利益,不可能完全公平地对待其他社会力量,而广大劳动人民只不过是他们竞选时争相利用和拉拢的对象而已。

其次,竞争是西方政党关系的本质和主流,这种相互竞争严重影响了政党之间的团结与合作,进而影响和削弱了全社会整体力量的凝聚和发挥。

最后,制衡和监督本来是民主的必要条件,但由于西方国家的制衡与监督是建立在政党竞争的基础上,使这种制衡与监督具有严重的政党偏见,容易失去对事物判断的客观性和公正性,往往是"你赞成的我就反对,你反对的我就赞成",致使制衡与监督变成了相互间的攻讦与掣肘。

2020年,新冠肺炎疫情来势汹汹,又与美国大选不期而遇。民主、共和两党再一次上演了一场互相推诿扯皮、攻击"甩锅"的年度大戏。

随着新冠肺炎疫情在美国越发严重,美国各州不顾一切地请求联邦政府提供抗击新冠病毒的帮助。然而特朗普却一直在忙着"甩锅",认为各州抗疫是自己的事情,不能全部交给联邦政府去解决。缺乏协调的联邦行动给各州和城市造成了混乱,甚至使各地陷入了对资源的争抢中。这一边,让各州尤其是民主党人执政的那些州自谋生路的做法,已经使它们陷入了与联邦紧急措施署、其他州甚至外国的竞价大战,而另一边,控制防疫物资分配权的白宫顾问、总统女婿库什纳却乘机敲诈各州、狠捞一笔,赚得盆满钵满。不仅如此,特朗普与民主党人纽约州州长科莫围绕抗疫物资紧缺、总统权力范围等议题不停地打"口水战",试图推卸责任,将抗疫不力的问题转嫁给对方。

大难临头不仅各自飞,还要拼命掐。放眼整个美国,不仅联邦政府和州政府在忙着吵架,民主与共和两党为了大选也在不遗余力攻击对方。疫情来势汹汹,而民主党与共和党不是团结抗疫,而是各怀鬼胎、互相指责。自疫情在美国暴发以来,美国国会众议院跟白宫、民主党跟共和党多次意见相左,在通过怎样的经济刺激法案上反复扯皮。2020年4月14日,美国众议院议长佩洛西发表公开信,一连七个排比痛批美国防疫中暴露出的种种问题,并将矛头直指特朗普。进入 5 月,就连民主党人、美国前总统奥巴马也成为特朗普应对疫情不力的"甩锅"对象。5 月 16 日,奥巴马在传统黑人大学毕业典礼上发表演讲时再次指责特朗普应对疫情不力,讽刺白宫"甚至不会去假装自己在负责",并影射共和党人只为自己利益着想,完全不顾民众死活。而在此之前,特朗普将美国缺乏冠状病毒检测的原因归咎于奥巴马政府,指责奥巴马政府"缺乏疫苗"。随后,奥巴马猛烈抨击特朗普政府,称其对新冠疫情的应对是"一场绝对混乱的灾难"。面对奥巴马的指责,特朗普接连多日在推特上反击,毫不示弱,甚至创造了一个新词"奥巴马门"。

不仅如此,美国两党之争,中国意外"躺枪"。特朗普和民主党总统候选人拜登针锋相对,双方分别发布竞选广告,抨击对方对华友好、软弱。据美国《纽约时报》5 月 15 日报道,特朗普连任竞选团队正在美国社交媒体和电视上发起大规模的广告攻势,批评民主党总统参选人拜登在 2020 年 1 月曾反对针对中国实施入境禁令,攻击拜登在担任副总统期间发表的一些对华"友好"言论,声称拜登为"中国傀儡"。但与此同时,民主党也在打着类似的算盘。拜登竞选团队的高级顾问最近就放出话来,拜登打算在竞选中做两件事:一是要特朗普为其对华政策的灾难性失败负责,二是要填补特朗普在对华中"硬话多、行动少"留下的巨大鸿沟。

万万没想到,在美国政客的嘴里,今年的"驴象之争"会演变为所谓的"中国傀儡"和"对华嘴炮"之间的对决。

疫情与暴乱叠加,让我们进一步看清了美国两党纷争的丑恶嘴脸。5月25日,明尼苏达州非洲裔男子乔治·弗洛伊德遭白人警察暴力执法致死,引发美国全国范围的大规模抗议示威活动。愤怒的人群高喊着"我无法呼吸"走上街头,表达自己对于种族不平等日益恶化的不满与愤怒。然而正是这样的一个生命逝去的悲剧,在美国两党看来,不仅成了可资利用的筹码,更是攻击对手、绝地反击的最好武器。

面对特朗普"抢劫开始之时,就是开枪之时"的煽风言论,以及调集军警将枪口对准人民的强硬态度,民主党及其总统候选人拜登一面狠批特朗普对待抗议民众的无情与冷酷,另一面不失时机夹带私货,在国会提出了一项大规模整改警察执法程序和问责制的法案。虽然在政党纷争高度两极化的大选之年,该法案的前景非常不明朗,但这显然并不是民主党人关心的问题,因为他们深知只有摆出一副积极推动警察改革立法的态度,才可以争取到更多选民的支持。

不仅如此,由于特朗普前期应对疫情不力、美国经济陷入衰退给民主党的选情带来利好,而近来的种族议题又给了拜登额外"契机"。在美国爆发全国性的反种族歧视抗议后,拜登就种族问题积极发声、呼吁团结,与要求强硬处理的特朗普形成鲜明对比。更有甚者,在游行示威之后,在美国兴起了一个"下跪风"，众议院议长佩洛西率先垂范，下跪悼念乔治·弗洛伊德。为了争取黑人选民的支持，拜登更是以下跪，深入黑人社区，慰问弗洛伊德家人等形式，尽最大可能借助弗洛伊德案件，搞臭特朗普，进而争取黑人和少数族裔选票。

一切都是套路。正如俄罗斯总统普京 6 月 14 日就美国当前局势发表评论时所指出的那样，美国眼下发生的这些事，不过是其"深层次危机"的体现，"（美国）集团和党派将自身利益凌驾于全社会和民众的利益之上"。在严重撕裂的政治环境下，弗洛伊德之死事件导致的大规模游行示威不仅被政治化，而且成为两党斗争又一新战场。不仅如此，新冠疫情、恢复经济、种族问题也都不幸沦为党派斗争和选举政治的工具。而在这些被资本和选举利益所绑架的政客眼里，真正倾听民众声音，正视和解决民众诉求从来都不是一笔划算的买卖，更不会成为他们认同的选项。

12

"加强纪律性，革命无不胜"

2020 年 1 月 30 日，经黄冈市委研究同意，提名免去唐志红黄冈市卫生健康委员会主任职务，其免职按有关法律规定办理。

2 月 5 日，继天津市卫生健康委员会二级巡视员王增田因疫情防控不力被问责后，天津市纪委监委再通报 4 起典型问题、5 名干部被问责。

4 月 17 日，黑龙江省纪委监委下发通报，对哈尔滨市近期新冠肺炎疫情防控不力的 18 名党员干部和公职人员追责问责。

6 月 13 日，北京市纪委监委成立调查组，针对新发地批发市场新冠肺炎疫情防控工作中存在的失职失责问题进行调查。

…………

疾风知劲草，板荡识诚臣。疫情是一场危机，更是一场大考。

越是重要关头和关键时刻，越能锻炼干部的革命意志，越能考察干部的能力与水平，越能识别干部的初心与作风。

在 2 月 3 日召开的中共中央政治局常委会会议上，习近平总书记的讲话中有这么一段：

> 有的地方市县卫健局、应急局、政府办、县委办、妇联、教育局、农业农村局等都各自制作一份或几份表格，要求基层干部填写并迅速上报，这些表格的内容其实相差无几，但没有一个文件、一个部门帮乡镇解决急需的哪怕一个口罩、一瓶消毒水的问题。①

这表明，习近平总书记非常关注政策在基层落实中变形、走样的现象。2 月 23 日，习近平总书记出席统筹推进新冠肺炎疫情防控和经济社会发展工作部署会议，这场电视电话会议从中央到县团级，参会规模庞大，习近平总书记在北京讲话，所有分会场直接听原声、见真人。面向 17 万人同时召开一次会议非常罕见，这不仅说明此次会议内容的紧急性、重要性，更是为了力戒形式主义、官僚主义。

---

① 习近平：《在中央政治局常委会会议研究应对新型冠状病毒肺炎疫情工作时的讲话》，《求是》，2020 年第 4 期。

在这次会上，习近平总书记在总体肯定抗疫斗争中的干部队伍的同时，也直指少数干部表现不佳甚至很差。"有的不敢担当、不愿负责，畏首畏尾，什么都等上面部署，不推就不动；有的疲疲沓沓、拖拖拉拉，情况弄不清、工作没思路；有的敷衍应付、作风浮躁，工作抓而不细、抓而不实，仍然在搞形式主义、官僚主义；有的百般推脱、左躲右闪，甚至临阵脱逃。这些都是对党对人民极端不负责任的，决不能容忍！必须坚决纠正！"与此同时，习近平总书记还要求各级党组织要在斗争一线考察识别干部，"对表现突出的干部要大力褒奖、大胆使用，对不担当不作为、失职渎职的要严肃问责，对紧要关头当'逃兵'的要就地免职"。①

干部在政治上过不过得硬，就要看关键时刻靠不靠得住。

1月28日，在防控疫情紧要关头，天津市卫健委原二级巡视员王增田分管的医用物资组织、采购、管理、保障等工作极为混乱，情况不清、底数不明，甚至出现报送数据信息严重失实的问题。大年初四，王增田因在疫情防控中严重失职失责受到留党察看两年、政务撤职处分，成为天津市疫情期间最早被问责的市管干部。

1月29日，在疫情冲击最为猛烈的时刻，面对督察组的提问，作为确诊人数仅次于武汉的湖北省黄冈市，其卫健委主任

_____

① 习近平：《在统筹推进新冠肺炎疫情防控和经济社会发展工作部署会议上的讲话》，新华网。

唐志红则是"一问三不知"。当天晚上唐志红即火速被免，堪称史无前例！

在史无前例的大考面前，按照党中央要求，各级党委坚决举起问责利剑，无论职务高低，只要疫情防控工作不力，一律从严从速处理。优则奖，过则罚。战"疫"当前必须奖罚分明，要让庸者下，更要让能者上。

据天津市委组织部相关负责人表示，疫情发生以来，全市共选任处级以上干部167名，特别是选配的8名市管干部，普遍具有较好的专业背景。这些干部善于发挥专业特长，创造性地开展工作，第一时间提出解决办法，处理最棘手的事、最难办的事和没有先例可循的事。

晋升一级巡视员的天津市药品监督管理局局长、党组书记王栩冬，长期在疾控工作领域工作。针对口罩、防护服等医用物资灭菌解析时间长的难题，他找准技术突破口，组织专家昼夜攻关，改进环氧乙烷解析方法和工艺流程，将物资上柜灭菌后的解析时间由14天缩短至36个小时，让医务人员和老百姓更快用上了口罩等医用产品。

同样得到晋升的58岁的天津市卫健委副主任张富霞，在疫情中现场协调、及时隔离"歌诗达赛琳娜"号国际邮轮、马来西亚航班确诊病例和密切接触人员，第一时间建议全面封控天津动车客车段，果断处置多个可能的暴发点，有效控制疫情蔓延。

疫情如战场，防控一线正是考察识别干部的绝佳地点。火线提拔是考察、识别、选用干部的一种用人举措，疫情期间那些做出突出贡献的官员被提拔，虽是对官员的一种激励，但并不意味着只是看一时的表现。快速不代表仓促，而要标准更严，经得起历史检验。

2月2日，短发、职业装、干练清爽的张颖坐在天津疫情新闻发布会的核心位置上。10分钟内，她全程脱稿，抽丝剥茧地破解此前引发极大关注的天津宝坻百货大楼聚集性疫情事件。

发布会当天，张颖的讲解视频在网上极速传播。"堪比侦探小说""天津的福尔摩斯""没有一句官话，全是干货"……张颖的专业水准立即征服网民。

疫情期间，张颖被提拔为天津市疾控中心副主任，成为一名正处级干部，组织部门的任命与网民的心声同频共振。

在聚光灯下把案例讲通讲透，对讲解人的专业素质要求很高。毕业于天津医科大学预防医学专业的张颖，入行已有26年，是天津市疾控中心的业务骨干。当武汉出现第一例确诊病例时，张颖便开始关注跟进、构思预案，为可能到来的疫情跨省扩散作好准备。

"没有扎实的专业功力和充分的前期积累，在聚光灯下脱稿是讲不好的。"天津市一位参加过新闻发布会的干部如是说。提拔之前，组织部门进行干部谈话时了解到，"张颖人品正，业务优秀"。记者走访她的多名同事，听到的是一个"一心扑在业务上,对升迁并不热心"的张颖。一位同事告诉记者,张颖"平时说话比较直,容易得罪人"。"但这些专业尖子、'李云龙式'的干部,不正是我们党需要的吗?"①

"进一步把广大基层干部干事创业的手脚从形式主义的束缚中解脱出来","切实把对上负责与对下负责统一起来,决不做自以为领导满意却让群众失望的蠢事"。②在疫情期间,中办印发《关于持续解决困扰基层的形式主义问题为决胜全面建成小康社会提供坚强作风保证的通知》,再次强调解决形式主义问题,是我们党驰而不息抓作风建设的有力体现。

"对国之大者要心中有数。"③2020 年 4 月 20 日至 23 日,习近平总书记在陕西考察时告诫各级领导干部要自觉讲政治,关注党中央在关心什么、强调什么,深刻领会什么是党和国家最重要的利益、什么是最需要坚定维护的立场。人民是共和国的坚实根基,是共产党人执政的最大底气。民心是最大的政治,是真正的"国之大者"。

勇于自我革命,从严管党治党是我们党最鲜明的品格。中国共产党要长期执政,就永远不能停止自我革命,永远保持党同人民群众的血肉联系,这就要求我们必须时刻警醒自己,对

① 王井怀:《疾控"福尔摩斯"炼成记》,《瞭望》,2020 年第 13 期。
② 中共中央办公厅印发《关于持续解决困扰基层的形式主义问题为决胜全面建成小康社会提供坚强作风保证的通知》,中华人民共和国中央人民政府网站。
③《习近平在陕西考察时强调 扎实做好"六稳"工作落实"六保"任务 奋力谱写陕西新时代追赶超越新篇章》,《人民日报》,2020 年 4 月 24 日。

作风问题任何时候都不能掉以轻心。越是面对重大挑战、重大风险、重大阻力、重大矛盾，越要把对党忠诚、为民担当作为衡量我们一切工作的重要标尺。

13

"火神山"见证中国力量

2020 年 1 月 26 日晚上，众多网友通过手机、电脑，密切关注着一场直播，并不时刷出弹幕为直播内容加油鼓劲。不了解真相的你或许会认为，这又是哪个流量明星开播了？或许你会认为，这是哪个平台又搞什么新活动了？然而都不是。在那一刻，他们所关注的主角是——火神山医院的建筑工地！直播上线后，4 路慢直播镜头每天 24 小时不间断，实时全方位呈现建设现场画面，在线人数迅速突破千万级别。据武汉电信党委副书记张铭透露，截至 1 月 29 日中午 12 时，累计页面访问量已经超过 2 亿人次。"这是一个前所未有的数字。"火神山医院俨然成为一个"流量明星"，吸引着大量的粉丝关注。

火神山医院，并不是一个简单的野战医院，不是在平整土地上搭个行军帐篷、设定手术区、护理区、病房、住宿区、食堂、排污等就能交付的，它是一座为专门集中收治新冠肺炎患者而建造的医院。它的防护隔离级别不仅比综合医院,而且比现有的传染病医院要求还要高:它需要具备新风系统、负压系统来维持良好的空气循环,具备可靠的气密性以避免交叉感染;它需要 X 光室、CT 室、检验室(检测血清)、手术室、重症加强护理病房;它需要接诊室、氧气站、停尸房、焚烧炉、化粪池、医护通道、消毒系统、呼叫系统、吸引系统、氧气管线系统、污水处理系统、生活供应中心、水电气网等基础设施;它需要视频会议设备,支持院内院外会诊;它需要单双人病房,减少交叉感染,每个病房还需要配备氧气、呼吸机等生命支持系统;它需要空调、电视、卫生间和浴室;它需要医护人员宿舍、食堂,具备基本的休息条件,等等。

疫情紧急,人命关天,而留给火神山医院的建设时间只有10天。10天,是一个怎样的概念?换作是我们,10天又能做些什么呢?也许我们能打通关一个游戏,也许我们能刷完一部电视剧,也许我们能看完一本书。可是对于武汉来说,它竟然在这么短的时间内在一块平地上建造起一所占地34000平方米,拥有 4 栋 2 层病区,可容纳 1000 多张床位的符合《传染病医院建设标准》的医院,甚至还开通了 5G 基站。短短 10 天竟建成一座这样大型的医院!将其称之为奇迹并不过分。这让中国人民感到振奋,让世界感到讶异。

或许有人会问,用 10 天建成一座医院是怎样的一种体验?火神山医院用它建成的经历为我们作了一些简要的解答。

　　它需要建筑设计院在 78 分钟内将 17 年前小汤山医院的设计全部整理完善，接着在 24 小时内拿出设计方案，然后在春节假期紧急召集设计人员，在 60 小时内敲定施工图纸。

　　它需要国家电网 260 多名电力职工不眠不休 24 小时连续施工。1 月 25 日，变压器、环网箱和线杆等设备设施、现场 10 支施工队人员均已到位。经过 5 天 5 夜的奋战，在 1 月 31 日前完成两条 10 千伏线路迁改、24 台箱式变压器落位工作、8000 米电力电缆铺设。1 月 31 日下午，4 台环网柜和 24 台箱式变压器的送电工作正式开始。1 月 31 日 23 时 49 分，火神山医院全部通电。此后，国家电网又设立了火神山医院供电保障队，进行 24 小时不间断地蹲守保电。

　　它需要考虑医疗废水和医疗废物的处理问题。虽然建设任务紧急，但环境保护标准一点儿没降，污水处理设施与医院同步设计，严格按照医疗废水处理规范和相关要求建设。鉴于新型冠状病毒的传染性强，医院的污水处理工艺标准必须高于普通传染病医院。这些废水从排出到处理合格要经过预消毒、化粪池、调节池、生化处理（降解化学需氧量和氨氮）、沉淀、二次消毒等多道严格的处理工序，最终达到《医疗机构水污染物排放标准》，才会排入市政管网。污水处理产生的污泥经浓缩脱水后集中清运处理，污水处理站的臭气也将经收集消毒后排放。

　　它的隔离病房和检测实验室对换新风要求较高，因此需要采用合适的空调。这样有利于保证在室内恒温的前提下,实现在引入室外新鲜空气的同时起到一定的空气净化杀菌作用,对医护人员和被隔离病人的健康都有益处。于是格力迅速行动起来,并于1月27日将包括风无界新风空调在内的空调物资全部运达施工现场。1月31日,根据施工进度,格力空调抢装"先锋队"开始抢抓院区空调安装调试,争分夺秒助力火神山医院尽快交付投用。

它需要中建深装的100名管理人员、500名施工人员,在3天内完成室内外地胶铺设、卫生间和缓冲间地砖铺设,以及200余间病房的室内装饰任务。

它需要搭建信息系统,随后2000多台计算机设备和专业团队、发光二极管(LED)显示屏、平板电脑、网络及安全设备、互联网医院云平台陆续就位。

它需要专业的医疗设备:CT设备、ICU病房和手术室专用医疗空调、热成像芯片、紫外消毒灯、专业照明设备、电子体温计与指夹血氧仪、专业空气净化器、医疗服务机器人、床铺物资等。而这些都依赖于顺丰、中通、申通、韵达、邮政、阿里巴巴物流平台等中国物流巨头联合开通的国内及全球绿色通道,免费从海内外各地为武汉运输救援物资。

它还需要4000余名建筑工人轮班,不舍昼夜地施工;需要除夕夜百台挖掘机在一夜间完成土地平整工作;需要参与这一切工作的人,放弃除夕夜与家人团聚的机会,只身奔赴战场;需要无数个普通人为其贡献自己的力量，提供食物，等等。当然最最根本的是，它需要有党中央的坚强统一领导，它需要能确保对疫情判断准确，对各项工作部署及时，采取各项有效措施。

"火神山"再次向世界展现了"中国速度"，也再次见证了坚不可摧的"中国力量"。难怪美国著名脱口秀主持人崔娃感叹道："在美国，装个有线电视都不止 10 天。"一名英国网友在推特中留言："在英国，光决定是否要建设一所医院就要花 7 年的时间，花费还是一样的。"火神山医院建成的速度之快、质量之高充分展现了中国特色社会主义制度的优越性，也再次证明了这种奇迹只可能发生在中国。

除了火神山医院，我们还建成了拥有 1600 张病床的雷神山医院，仅用 29 小时就改建完拥有 4000 张床位的 3 家方舱医院。短短 10 多天，就有 16 座"生命之舱"在武汉三镇投入使用，提供了 1.4 万张床位，快速实现了从"人等床"到"床等人"。正如《柳叶刀》杂志的评价：除了中国，没有任何一个国家可以用这种速度动员各种资源，速度之快、规模之大，世所罕见。

在这背后，我们看到的是中国力量的坚强保障。这力量的充分发挥得益于中国特色社会主义制度的显著优势，这优势便是"一方有难，八方支援"，这优势便是"集中力量办大事"，这是应急处置重大突发公共卫生事件的重要法宝。面对前所未有、突如其来、来势汹汹的疫情天灾，在以习近平同志为核心的党中央的坚强领导下，无论是中央还是地方、国企还是民企、社会还是个人,都将自己置身于国家的大格局中,克服重重困难,风雨同舟,为了同一个目标去努力。"大河涨水小河满,众人拾柴火焰高。"可以说这一奇迹的发生,是因为有中国特色社会主义制度强力支撑,是党总揽全局、协同整合、集中攻坚的生动体现。"我们最大的优势是我国社会主义制度能够集中力量办大事。"[①]从火神山医院迅速筹建,到全国各地医疗救治队火速支援,再到各种医疗设备和生活物资紧急调运,抗疫在第一时间就形成了全国一盘棋的局面。党和政府强大的组织动员能力与市场手段的统筹协调、政府部门与社会力量的协力配合,不仅再次创下"基建狂魔"的"谜之速度",更进一步激发出勠力同心、众志成城的强大力量。正如习近平总书记指出的:"我们的前进道路不可能一帆风顺,一定会遇到这样那样的风险和挑战","只要我们有准备,团结一心,共同应对,就完全能够从容应对征途上的各种复杂局面,战胜各种可能出现的艰难险阻"。[②]

这力量的充分发挥还得益于中国人民群众的鼎力支持,展现的是中国人民在党的坚强领导之下的万众一心、众志成城。"团结就是力量,这力量是铁,这力量是钢。"在火神山医院建设期间,广大网友"云监工",为"基建狂魔"的建筑工地打气,此外还通过线上与线下共同发力,尽自己的绵薄之力为武汉加

[①]《习近平总书记在全国科技创新大会、两院院士大会、中国科协第九次全国代表大会上的讲话》,新华网。
[②]《习近平主持中共中央政治局常务委员会会议并发表重要讲话》,人民网。

油。全国各地的人民群众在第一时间组织疫情防控物资驰援武汉，例如山东、海南等地"爱心蔬菜"迅速送往武汉。中国人民群众为什么能够如此听党指挥、统一行动，全力支援抗疫大局呢？这是因为人民清楚地知道，这么做是符合中国人民共同利益的，这是建立在全体中国人民一家亲的共同情感基础之上的，这是源于中国人民对于中华民族共同命运的高度认同。14亿中华儿女团结一致、心手相连，同舟共济、患难相恤，展现出了创造历史、改变历史的磅礴伟力，以令世界惊叹的团结、坚韧、责任和自律书写了新时代人民史诗。习近平总书记深情礼赞："战胜这次疫情，给我们力量和信心的是中国人民"，"人民才是真正的英雄。只要紧紧依靠人民，我们就一定能够战胜一切艰难险阻，实现中华民族伟大复兴"。①

这力量的充分发挥得益于中国发展过程中科技的进步。能够在短时间内高质量建成两座医院，仅靠"刀耕火种"是不可能的，其背后离不开科技力量的支撑。近年来，国家持续加大对科技的投入，产生了很好的效果，一大批高精尖、实用的科技在各行各业发挥着重要作用。在火神山医院的建设过程中，各种科技手段迅速集结，在建设的各个领域大显身手，大大提升了速度、提高了质量。此外还有之前积累的诸多超级工程建设的经验，例如港珠澳大桥、北京大兴机场等。

---

① 《习近平同波兰总统杜达通电话》，新华网。

没有真的"基建狂魔",也没有"火神"的法力相助,这神奇的中国力量背后只不过是为了国家大局争分夺秒、拼尽全力的普通人民罢了,只不过是无数普普通通的中国人民不分昼夜拼命坚守在工作岗位罢了,只不过是无数平凡的英雄们为了保护人民进行着无私的付出罢了。基辛格曾说:"中国总是被他们之中最勇敢的人保护得很好。"正是这些勇敢的人的无私奉献,才构筑起抗击疫情的坚固防线,才凝聚起了不屈不挠、团结一致的强大气魄,才形成了集中力量办大事的中国力量,才迎来了抗击疫情的决定性胜利。

14

"武钢二院"背后的故事

2020 年 1 月 23 日上午 10 点起,因为疫情,武汉按下了暂停键。党中央统筹全国疫情防控工作,集中资源和力量驰援湖北省,尤其是武汉市。从 1 月 24 日开始,中央从各地和军队调集 346 支国家医疗队、4.26 万名医务人员和 965 名公共卫生人员驰援湖北省,尤其是武汉市。2 月 10 日,建立省际对口支援湖北省除武汉市以外地市新冠肺炎医疗救治工作机制,统筹安排 19 个省份对口支援湖北省武汉市以外 16 个市州及县级市。一时间,"北协和、南湘雅、东齐鲁、西华西",中国医疗界"四大天团"一线会师,中国最顶尖的 10 个院士团队并肩奋战,全国近 1/10 的重症医学骨干接力上阵,这是新中国成立以来规模最大的医疗支援行动,也意味着中国向新型冠状病毒发出了决战的宣言。

在全国上下集中力量支援湖北之际,天津市也尽自己最大的努力全力援助湖北。在天津市委、市政府的部署之下,1 月 26 日,第一批医疗救治队出征武汉。他们由 3 名领队、39 名医生及 96 名护士,共计 138 人组成。与此同时,大量的医疗设备、物资也由天津源源不断运往武汉,以全力保障天津援鄂医疗队能够在武钢二院顺利开展救治工作。尽管冬季的寒风凛冽刺骨,尽管危险的病毒时刻威胁生命安全,但是来自天津的白衣战士们,在决战号角吹响的一刻,毅然决然地向组织递交了奔赴战场的"请战书"。"国有召""战必来",他们谨遵当年迈进医学殿堂时的那一句"健康所系,性命相托"的誓言,怀着无比坚定的信仰,踏上了征程,与病毒作战,去拯救千千万万的人民。

武钢二院坐落于武汉市青山区,是 2003 年"非典"时期按照传染病防治规格建造的,但自从"非典"过后便废弃了。刚到武钢二院的战士们根本不曾想过,他们的主战场居然是这样的:一座 4 层大楼,除一楼外,整个二、三、四楼由于长时间没有使用,除了床架外,什么也没有;里面随处可见灰尘、废弃物,有的门上没把手,有的窗户甚至连玻璃都是缺失的,医院常用的氧气袋等设备也不能使用,并缺少其他相关的医疗设施。

更让人措手不及的是,由于疫情的迅速发展,医院里面已经开始收治新冠肺炎病人了。这让医疗队陷入两难的境地,让病人进入?可是这里不具备医疗基础设施,暂时无法正常开展救治工作。不让病人进入?可是病人们望眼欲穿,状况已刻不容缓。面对眼前的环境,面对焦急的病人,紧要关头,医疗队员们抱着"没有条件,创造条件也要上"的坚定信念,开始边清理环境边展开治疗。地面狼藉?不要紧,自己动手擦得一干二净就是了;没有电梯?不要紧,自己把氧气瓶、病床、桌子、椅子等基础设施搬上楼就是了;没有人想这个工作是该护士做还是别人做,所有人全都亲自上阵,尽自己最大的努力改善"战场"环境。

与此同时,医疗队运用之前抗击"非典"疫情的经验,连夜成立专家救治组,提出了"感控三原则"来保护医护人员安全:实行分区管理,严格划分红区、黄区、绿区,避免交叉感染;实行规范防护,既保证人员安全,又避免过度防护;实行一人盯一人,一对一检查防护措施,确保"零感染,打胜仗"的目标。为了提高救治率,他们又提出了"救治三原则":轻症患者尽快出院,重症患者尽快转轻,尽力救治危重症患者。他们对历史经验的总结和反思实施效果好,获得了国家疫情防控指挥部门的肯定,也为其他医疗队提供了工作思路。由于缺少隔离措施,"红区"极度危险,医疗队领队、天津医科大学肿瘤医院党委书记陆伟紧急召开临时党组织会议,决定进入"红区",克服一切困难接管病人;王莹作为参加过"非典"疫情防控的资深护士,承担起了感控组及护理组组长的职责。她带领 16 名医护人员第一组进入"红区","当时条件很差,但也不能再要求什么,只能一边收拾一边救治病人"。事后,王莹在接受采访时这样说道。

就是在这样短兵相接的情况下，天津援鄂医疗队的队员们依托从天津大后方源源不断运来的物资、医疗设备，用自己的双手使全面接管的武钢二院焕然一新。病房的基础设施包括供水、供电和供暖等改善了，病房的环境改善了，并最终达到了救治新冠肺炎病人的要求。在接下来的战斗中，他们曾在风雨交加的夜晚遇到了停电，整个世界漆黑一片。但是战士们坚强地克服着恐惧，不忘关心病房里的患者。他们专业能力强，细心合作，能一个人拿着手电筒，另一个人为病人做抽血检查。尽管光线微弱，但他们仍然能像平时一样做到"一针见血"。天津援鄂医疗队的火速支援、全力救援、专业救援，让武钢二院病区成为另一个"火神山医院"，被湖北人民冠以"津"字招牌的美称。

随着武汉疫情防控效果逐渐显现，国家对疫情防治工作进展作出了新的决策，即对病人实行定点集中救治。这可以将医疗资源集中起来，对病人救治更有针对性，对整个医疗体系运转也是更好的选择。于是武钢二院也迅速有效地开展了"清院"工作。3月15日，武钢二院全部病人转移完毕，整个过程在18小时内迅速完成。至此，武钢二院共收治病人277名，其中77名为危重病人，201人治愈出院。

无论是改造"战场"、开展救援，还是"清院"工作，都在天津援鄂医疗队的手中以极短的时间完成，体现了高效率的同时确保了高质量。他们迅速搭建阵地，有策略地对抗病毒，克服物资暂时缺乏等问题，为患者健康保驾护航，同时还充分利用自己与生俱来的幽默感鼓励着患者，营造乐观向上的病房氛围。

在疫情肆虐的情况下，天津人民没有退缩，我们感受到了无穷的"天津力量"。援鄂医疗队员们抗疫路上壮丽的"逆行"绽放了最美丽的色彩，"慷慨赴荆楚，白衣作战袍，坚定同湖北人民生死相依"，我们被医疗队感动，为医疗队喝彩。在疫情肆虐的情况下，中国人民更没有退缩，一声号召，全国无数个救援队倾巢而出，来到最危险的地方，只为保护那里的人民不受伤害。武钢二院的故事是疫情下无数绝处逢生般"奇迹"的一个缩影。这奇迹并不是偶然，是无数人付出和团结拼搏的结果。危难之时，他们自愿到最危险、最艰苦的前线去战斗，用他们的力量尽可能地保护着每一位同胞。这奇迹靠的是举国体制的制度优势，对口支援，不仅是派去一支医疗队伍那么简单，更重要的是人员、物资、信息等的协同支持。拥有 14 亿人口的大国，在这场危机之中，真正做到了万众一心、众志成城，他们用实际行动交出了一份中国战"疫"的完美答卷。

15

"我的亲人得病了,共产党给治好了!"

2020年4月4日清明节,北京天安门广场下半旗。中国以国家的名义、最高的规格深切悼念因抗击新冠肺炎疫情而牺牲的烈士和逝世同胞。上午10时,防空警报鸣响,汽车、火车、舰船鸣笛。习近平等党和国家领导人同全国人民一道为牺牲的烈士和逝世同胞默哀3分钟。此时此刻,14亿中国人同悲、同祭、同心!

河南省郑州市,在默哀3分钟后,一位老人不禁掩面而泣:"我的亲人得病了,共产党给治好了!我的亲人得病了,共产党给治好了!!"

家住武汉的老张家里并不富裕,新冠疫情断了老张家的生计更是雪上加霜,最可怕的是,老张的妻子和母亲感染了新冠肺炎。这对老张是惊天的噩耗,疫情期间看病之难、看病之贵让老张的母亲几乎想要放弃治疗。结果最让老张感动的事情发生了,政府竟然免费医治新冠肺炎患者!老张最初对这个消息是不敢相信的,但妻子和母亲都已经出院了还没有花他一分钱治疗费,老张喜极而泣。据他所知,单是作为轻症患者的妻子所花的费用就已经上万,母亲更是一度住进重症监护室,花销不低于20万!这是老张不可能承受的价格,但在免费治疗新冠肺炎的政策下,老张一家老小可以继续平安生活。"是共产党救了我一家老小。"老张坚定地这样认为。

《人民日报》的微博上有一个这样的视频,30岁的聂佳刚刚出院,他的气色看起来不错,他在视频里自述他有轻微的发烧症状,刚开始入院的时候交了5000元,第四天就已经显示欠费1000多元,但是医院没有要求他继续付款。聂佳到最后出院也没有搞清楚自己到底花了多少钱,就连那5000元也被通知将会返还。在网上有网友评论:"真的有幸生为中国人,我们被保护得很好。""此生无悔入华夏,来生还做中华人。"

为了应对疫情,早在1月22日,国家医疗保障局、财政部就发布了《关于做好新型冠状病毒感染的肺炎疫情医疗保障》的通知,明确规定要确保患者不因费用问题影响就医,要确保收治医院不因支付政策影响救治。同时,医保部门及时调整定点收治医疗机构的总额预算指标,对相关医疗费用单列预算,不占用当年总额预算指标。为缓解医疗机构垫资压力,医保经办机构还专门预付专项资金用于患者救治。

那么治疗一位新冠肺炎患者大概需要多少钱呢?武汉某医

院肺科胡主任说道，一个重症患者从住院到能基本出院，用
ECMO 治疗，大致要花费近 40 万元的成本，不用 ECMO 也要
20 万元左右，这还没有计算后期治疗，所以一个需要全面治疗
的重症患者的费用要在 40 万元以上。截至 5 月 31 日，全国确
诊住院患者结算人数为 5.8 万人次，总医疗费用约 13.5 亿元，
确诊患者人均医疗费用约 2.3 万元。其中，重症患者人均治疗
费用超过 15 万元，一些危重症患者治疗费用几十万元甚至上
百万元，全部由国家承担。对的，患者不用出一分钱，由国家免
费治疗！为了挽救生命，我们不计代价，因为这就是中国医保
制度的优势。

　　中国的医保制度也不是一开始就十全十美的，也是在改革
中不断摸索前行。2003 年"非典"之后，中国开始反思公共卫生
体系的漏洞，并确定医改的共识：政府主导，建立覆盖城乡居民
的基本医疗卫生制度，医院要回归公益性。中国制定医改方案
时征集了 9 个单位包括世界银行、世界卫生组织和麦肯锡等知
名机构的方案，并于 2008 年在初稿形成后广泛征集民意，最终
在 2009 年 4 月 6 日医改方案正式出台。中国发挥地方探索的
优势，并很快把地方的成功经验例如安徽省基层医改的经验、
福建三明市公立医院改革的经验推广到全国，实现了让医院回
归公益性，让医生回归治病救人的本质。在解决了看病贵、看
病难的问题后，医改进入第二个阶段。2016 年，习近平总书记
在全国卫生与健康大会上发表重要讲话，提出建设健康中国，

医改朝着更全面更综合的方向阔步向前。2018 年,在新一轮党和国家机构改革的过程中,国家医保局成立,全面承担起人社部城镇职工和城镇居民基本医疗保险、原国家卫计委新型农村合作医疗,以及民政部医疗救助的管理职责,有人将此形象地称为"三保合一"。

以上这些,可以让我们切身感受到中国特色社会主义制度的优越性、中国公立医疗的优越性。在党中央的坚强领导下,我国已建立世界上规模最大的基本医疗保障网,全国基本医疗保险参保人数超过 13.5 亿人,覆盖面稳定在 95%以上,基本实现全覆盖。尽管中国医保制度还有待进一步完善,保障程度还有待提高;尽管还存在看病难、看病贵、看病乱等问题,住院患者医保报销比例仍有待提高;尽管公立医院公益性的核心体制机制还没有建立,医务人员薪酬制度改革的力度不大、尚未破题;对一些关系医改全局的重大问题仍有不同看法,三医联动的合力尚未形成,一些地方政府试点动力不足,等等。但是中国医保制度却实实在在是着眼于广大人民群众的利益的,是根本不掺杂任何资本利益的,它完全是以人民为中心、为人民服务的医保制度。

根据世界卫生组织的数据,2018 年中国人均健康预期寿命首次超过美国。我们花了 10 年时间就解决了美国半个世纪还没解决的医保问题,这为积极应对包括新冠肺炎疫情在内的疾病风险构筑起较为广泛而稳固的制度保障。这真正体现了大国应有的担当,它是真正以人民为中心、全力保护人民的。这就是中国,这就是中国共产党领导下的中国,这就是社会主义的中国!

如果说在中国,新冠肺炎疫情下的所有患者,年龄不分老幼,身份无分贵贱,都能平等对待,一律免费治疗,这就是中国的制度自信,那么在大洋彼岸的美国,这场疫情正在逼死美国穷人。

这些年,总有那么一些人羡慕美国的所谓"高度发达"的医疗体系,对美国的医疗体系推崇备至,甚至有"美国治病医保全部报销,相当于免费"的言论,借以攻击、抹黑中国的制度。似乎在这些人眼中,西方式民主总是飘荡着先进的气息。然而虚假的事实经不起考验,新冠肺炎疫情的到来直接脱掉了那件国王的新衣,向我们揭示了事实的真相。公知力挺的美国医疗体制并不像他们所说的那样美好。

美国是自由市场经济模式的国家,其医疗保险制度也是构建在市场运作为主、政府保障为辅基础上的。因为市场运作为主,所以它是受资本利益支配的,追求资本利益最大化才是它的追求目标。而根据2019年美国500强企业排名,前10名当中有3家涉及医疗保险、医药相关行业,由此可见一斑。因此,它依据国家法律和合同契约,对不同的医疗保障对象提供有限的健康医疗保险。也因此,美国富人的医保几乎涵盖了所有顶级医院,主要项目几乎全部报销,还有1500美元的自费封顶额度,而且一般是由公司为员工购买。对于穷人,医保的代价远远高得多,需要自费买医保,每个月的费用大概是 400 美元(奥巴马推行的医保政策中政府出一半),医院数量更少。同时,报销门槛提高到 2000 美元,报销比例低,所以很多穷人是不愿意买医保的。

美国《时代》杂志在 2020 年 3 月 4 日的一篇报道中提到,目前约有 2700 万美国人没有任何形式的医疗保险,投保不足的人甚至更多,而这种情况在新冠肺炎疫情期间彻底地暴露出来。美国医疗保险覆盖比例不高的同时,医疗价格高昂。在非疫情期间,也会有大部分人因选择不投保或担负不起高昂商业医疗保险费,而导致在生病的时候无力去医院接受治疗。美国 2014 年个人信用报告中 52% 的未偿债务来自于医疗欠费,非保险人群的收费额则是参加保险人群的 2.5 倍以上。对于这种情况,美国政府虽然提供了免费的新冠肺炎疫情检测服务,但是由于新冠肺炎确诊后的高昂治疗费用,在医疗保险覆盖面积严重不足的美国,收入低下的群众将不得不选择不去检测,进而为新冠肺炎疫情暴发埋下了隐患。

疫魔肆虐之下,尽管没有口罩,尽管不想被感染,可是他们还是要出门,因为为了生存他们别无选择。他们可能是出租车司机杰克,可能是断了两根手指没有医保所以只能接上一根的工人瑞克,也可能是因为医保拒绝赔付而还要干体力活的 79 岁老人弗兰克。疫情期间,美国的患者因为治疗新冠肺炎捉襟见肘、倾家荡产的例子比比皆是。更糟糕的是,失业危机造成大量美国人失去了医疗保险，大约55%的美国人只有通过工作才能获得医保。而最近美国已有超过3000万人申请失业，无医保家庭数量暴增。即使是那些有工作和医保的人，也可能面临巨额的自付费用或其他额外费用。

微博上有一则美国女议员质问疾病预防控制中心（CDC）主任的视频，这位女议员直接算了一笔账，表示很多人都无法支付高昂的检测费用。疾病预防控制中心主任含糊其词，试图转移压力，但是面对议员的压迫，最后承诺为所有想去做检测的美国人免费检测。乍看之下，这是议员努力为美国人民争取福利保障的美好一幕，但是背后隐藏的真相却是，这种医疗检测实质上也是一种商业行为，是那些资本为了谋求利益的另一个手段，很多美国医保潜在的问题根本无法得到解决。而美国检测费用极其昂贵，对没有保险的人来说在300到1500美元左右，即使免费，也有专业人士不建议感染者去医院，原因是即便是有了商业医保的人，也需要付出上万美元的住院费用。更具讽刺意味的是，在美国当地时间5月29日，黑人弗洛伊德之死引发的抗议活动在明尼阿波利斯举行，抗议活动现场一名女记者琳达·蒂拉多疑似被警方的橡皮子弹击中左眼，导致她的左眼永久失明。在接受美国哥伦比亚广播公司（CBS）新闻连线时，蒂拉多说："我是一个没有保险的美国人，目前面临着三大眼科手术，但有个好处是，我终于做了新冠病毒测试，所以在美国你想要做新冠病毒测试，仅仅只需要一个眼球。"以上种种，对于享受着国家医疗保障和免费检测的中国人来说，简直是不可思议。

新冠肺炎疫情是一块试金石，中美医疗体制的优劣经此对比立刻彰显。不管吹嘘得多么完善，装扮得多么光鲜亮丽，只有真正能够为广大百姓谋福祉，真正能够为人民的生命保驾护航的才是真正优秀的医疗体制。毫无疑问，中国医保制度是符合中国国情的，是以人民为中心的，是具有强大生命力的。美国医疗体制最重要的是利益，中国医疗体制最重要的是救人。以人民视角来看，中国医疗体制"完爆"美国。

"我的亲人得病了，共产党给治好了！"这就是人民的心声。

16

"霍乱"时期的漂泊

　　多年以后，每当闻到消毒水的味道，她总会回忆起那段无依无靠的绝望时光。

　　我们要这样漂泊在海面上，多久？
　　永生永世。

　　这并不是加西亚·马尔克斯经典著作《霍乱时期的爱情》中的一幕场景。与小说中男女主人公为了能够冲破世俗约束长相厮守，主动在船上挂起代表霍乱流行的旗帜而永远漂流下去不同，六十多岁的美国人凯特和她的丈夫刚刚被迫经历了一场漫长的漂泊。

　　2020年初，凯特被诊断出患有神经内分泌癌。在初期治疗后，医生和亲人都建议她和丈夫一同出去散散心，以便以更好的状态进行下一步治疗。于是凯特和丈夫登上了搭载着 3533 名乘客和船员的"至尊公主"号豪华邮轮。该邮轮 2 月 21 日从美国旧金山出发，前往夏威夷开启 15 天的观光之旅，原计划 3 月 7 日返回旧金山。

然而到了 3 月 4 日，一切都变了。当地时间 3 月 4 日，一名来自加州普莱瑟县的 71 岁老人被通报死于新冠肺炎。这名老人曾参加了"至尊公主"号上一班的旅行(2 月 11 日至 21 日，旧金山往返墨西哥)，并且可能在旅行期间已经出现了症状、感染了新冠病毒。

不仅如此，据美国哥伦比亚广播公司旧金山频道 3 月 5 日报道，另一名参加了上一班旅行的乘客，来自桑尼维尔的 72 岁男子于当天下午死亡，疑似携带新冠病毒。美国有线电视新闻网(CNN)称，至少有 6 名已经下船的乘客新冠病毒检测呈阳性反应。

更为要命的是，上一班游客下船和凯特这批游客上船是同一天，而且除邮轮工作人员仍是同一批外，更有 62 名上一班游客接着参加了这次夏威夷旅程。

在得知有乘客确诊感染新冠肺炎的消息后，"至尊公主"号邮轮紧急缩短行程，从夏威夷返回旧金山。邮轮原定于 3 月 4 日下午抵达旧金山，但如何应对"至尊公主"号的状况，却让美国政府犯了难。加州州长加文·纽瑟姆当即要求邮轮延迟靠岸，停留在离海岸线约 10 英里的旧金山外海上，而加州政府并未立即采取有效处置举措。到了 3 月 6 日,美国总统特朗普在接受采访时明确表示不希望乘客下船:"我宁愿让人留在船上是因为不想让病例数进一步上升。我不想因为一艘邮轮而让数字翻倍,这根本不是我们的错。"

就这样,"至尊公主"号邮轮成了"海上孤儿"。凯特无法下船接受治疗,美国政府也并不打算为船上的特殊病患提供医疗服务,她只能靠止疼药强撑。在恐慌中,船上各项服务开始出现延迟,食物也不充分。而由于担心病毒,凯特还要拖着病体自己打扫浴室、擦墙壁、在浴缸里洗衣服。她只能向自己刚去世不久的父亲祈祷,祈祷他能保佑自己渡过难关。好在,她还有丈夫的陪伴。

终于,3 月 9 日,"至尊公主"号邮轮被允许停靠奥克兰港,美国乘客在联邦当局的指定下分批分数日下船,再接受隔离。但国际游客和 1113 名船员被要求不得下船,继续在船上隔离。要知道,在船上首批接受检测的 46 人中,有 21 人确诊,其中就有 19 名是船员。①他们将在美国乘客被疏散离开之后,继续远离海港,独自在孤海上漂泊 14 天,甚至更久。

"至尊公主"号邮轮上所发生的一切,充分暴露了美国在面对全球公共卫生挑战时不敢担当、不善担当的真面目。而这仅仅是此次新冠肺炎疫情中美国应对状况的一个缩影。

有人说,国际邮轮情况特殊,船籍国、运营公司所属国、船

---

① 《至尊公主号刚靠岸,另一个"公主"又出事》,人民网。

员及乘客所属各国、港口国之间关系复杂,出现危机时容易互相推诿、拆台,本身就很难处置。事实确实如此。但这能够成为美国应对不力的理由吗?

事实上,在"至尊公主"号陷入困境前,早就有另外一艘豪华国际邮轮遇到了疫情危机。这艘邮轮叫"歌诗达赛琳娜"号,船上各国乘客和船员共计4806人,远超"至尊公主"号的3533人。然而在经历了惊心动魄的24小时应急处置后,人员逐一排查、病毒样本检测、旅客退订改签、入境旅客集中转运、滞留旅客妥善安置等工作圆满完成,4806人无一感染。

同样的海上邮轮,面对同样的新冠肺炎疫情危机,面临同样的人员密集、空间密闭、归属关系复杂等挑战,为何产生了两种截然不同的命运?区别就在于,与"至尊公主"号相比,"歌诗达赛琳娜"号停靠的港口是中国——天津港。

我们不妨梳理下从"歌诗达赛琳娜"号邮轮请求停靠港口开始,中国政府是怎么做的:

1月24日(除夕)18时,"歌诗达赛琳娜"号邮轮报告,计划25日停靠天津港,15人发热,共有148名中国湖北游客。

1月25日凌晨1时,天津市决定:接收"歌诗达赛琳娜"号邮轮;邮轮停驻锚地暂不进港;立即组织专家、医务工作者登船采样、开展流调,第一时间掌握现场情况;紧急协调直升机支援。

凌晨2时,由海关人员、医学专家、医务人员组成的登船应急处置小组确定了乘坐拖轮登船取样、由直升机护送样本上岸的方案。凌晨 5 时,集合完毕乘坐拖船,一个半小时后登上邮轮,按照《新型冠状病毒感染的肺炎诊疗方案》逐层逐屋排查。

10 时 45 分,直升机升空抵达邮轮船尾,吊装样本箱。11 时,天津市疾控中心标本车在直升机机场拿到标本箱,由警车开道向天津市疾控中心运送。12 时,样本成功送达。

15 时 30 分,经天津市疾控中心实验室检测,样本检测结果全部为阴性。

18 时许,天津市决定,同意邮轮进港。20 时许,邮轮停靠天津国际邮轮母港,对接工作完毕,旅客开始下船,天津东疆海关对旅客逐一进行体温检测。23 时许,3706 名旅客全部离开邮轮母港。滞留湖北籍旅客全部妥善安置,食宿免费。

1 月 26 日零时 15 分,天津市发布消息,"歌诗达赛琳娜"号邮轮应急处置工作全部结束。

对比之下,高下立判。就连一向习惯于"甩锅"中国的某些外国政客,一向习惯于污名化中国的某些外国 "驰名双标"媒体,一向习惯于引导公众对立情绪的某些无良"公知",在这一系列国际邮轮疫情危机中,也不约而同地对中国的表现缄口不言。在铁一般的事实面前,一切抹黑都会显得苍白无力。

"歌诗达赛琳娜"号与"至尊公主"号的不同命运,让全世界看到了中国制度的显著优势。

决定接收邮轮后,在天津市委、市政府的统一指挥下,迅速形成科学的处置方案,卫生健康、海关、海事、公安和地方政府等多部门协同作战、高效联动、无缝衔接，将效率提升到极致，让处于恐慌中的乘客、船员减少等待时间，也降低了发生交叉感染的风险，最终成功解除险情，上演了一幕天津版"邮轮十二时辰"。不仅如此，天津除做好"下船"工作外，还高效应对了"上船"工作。在天津港，有三千余名乘客原定于船上乘客疏散当天登船，其中不少是全家老少同行，期待着在旅途中享受新春佳节的天伦之乐。最终，在地方政府耐心细致的思想动员和周密完善的组织协调下，三千余人全部同意退票、取消行程。一场新的疫情危机就这样消弭于无形。试问，除了中国，还有哪个国家能够做到这一点？

疫情是世界各国共同的敌人，任何制度体系都没有"免死金牌"。只有充分发挥各自的制度优势、最大限度地激发治理效能，才能有效应对疫情、全面战胜疫情。"纵有良法美意，非其人而行之，反成弊政。"在疫情之下，制度的生命力决定了人的生命力。在以习近平同志为核心的党中央坚强领导下，中国建立了中央统一指挥、统一协调、统一调度，各地方各方面各负其责、协调配合，集中统一、上下协同、运行高效的指挥体系，为打赢疫情防控的人民战争、总体战、阻击战提供了有力保证。世界卫生组织总干事谭德塞赞叹："中国体制之有力和中国举措之有效，世所罕见。"中国"友谊勋章"获得者、法国前总理拉法兰表示，在疫情面前，中国政府展现出强大高效的组织和动员能力，这正是中国制度的优势。比利时荷语区鲁汶大学微生物、免疫和器官移植学院院长马克·范·兰斯特指出："有一些措施对控制疫情非常有帮助,但是需要强大的执行力,这一点只有在中国能实现。"①

这次抗击新冠肺炎疫情的实践证明,中国特色社会主义制度在困难时期、危难之际,能够充分发挥集中力量办大事的显著优势,是一套适合中国国情、行得通、真管用、有效率的制度体系。

"歌诗达赛琳娜"号与"至尊公主"号的不同命运,让全世界看清了中国的大国气度、国际担当。

国际邮轮利益相关方错综复杂,除了船籍国,还涉及船东国、运营公司所属国、船员及乘客所属国、港口国,等等。例如"歌诗达赛琳娜"号经营公司是美国,船籍国是意大利;"至尊公主"号和"歌诗达赛琳娜"号属同一家公司,船籍国是英属百慕大。在遇到疫情这类公共卫生危机时,如果各方互相推诿、"甩锅",邮轮疫情防控就会成为难以破解的"国际难题"。

在全球化的今天,世界就像是一艘巨型邮轮,各国谁也躲不开谁。但新冠肺炎疫情暴发以来,不少国家以防疫为由,逃避应当承担的责任,对来自外国的货运船舶和人员采取不必要的限制措施,造成船舶无法进港、船员无法上岸、感染人员流向世界各地等问题。据环球网早前统计,全球已有数十个国家明确禁止他国邮轮停靠。一些邮轮因此成为"恐怖邮轮",无法按

---

① 狄英娜、高天鼎:《中国人民 "正在为全人类作贡献"——抗击疫情海外观点综述》,求是网。

计划完成航行,也难以停靠航线中途港口,大都要在海上度过长期的等待时间。"威士特丹"号在海上漂泊 12 天,被 5 个国家和地区拒绝靠港;"钻石公主"号在日本横滨港外停泊 20 多天,造成 712 人确诊、10 人死亡;"红宝石公主" 号因处置失当,将病毒扩散至悉尼各地……根据《华盛顿邮报》报道,已经有 55 艘邮轮上出现新冠肺炎确诊患者,占全球邮轮总数的 1/5;至少有 65 名乘客和船员死于新冠肺炎。

中国始终秉持人类命运共同体的理念,肩负大国担当,同其他国家并肩作战、共克时艰。在这场全球战"疫"行动中,中国始终本着公开、透明、负责任的态度,秉持携手努力、开放合作的精神,在面临国际难题时以强烈的责任担当迎难而上、积极作为,第一时间向国际社会通报疫情信息,毫无保留地同各方分享防控和救治经验,尽己所能向国际社会提供人道主义援助,支持全球抗击疫情。习近平主席在第 73 届世界卫生大会上提出:"共同佑护各国人民生命和健康,共同佑护人类共同的地球家园,共同构建人类卫生健康共同体!"①中国主张,各国应为全人类前途命运和子孙后代福祉作出正确选择,秉持人类命运共同体理念,齐心协力、守望相助、携手应对,坚决遏制疫情蔓延势头,打赢疫情防控全球阻击战,护佑世界和人民康宁。"歌诗达赛琳娜"号邮轮疫情处置的成功实践,充分展示了中国

---

① 习近平:《团结合作战胜疫情 共同构建人类卫生健康共同体——在第 73 届世界卫生大会视频会议开幕式上的致辞》,《人民日报》,2020 年 5 月 19 日。

在疫情防控中的决心、勇气、果断、细致、高效，展现了中国负责任大国形象、大国气度，为守护全人类生命安全、维护世界各国人民健康福祉做出了贡献、树立了榜样。对此，埃及记者工会主席特别代表艾哈迈德·萨拉姆表示，中国通过应对这场疫情向世界证明了自身的大国地位，这是对自己人民负责、对全世界负责的真正大国。伊朗驻华大使穆罕默德·克沙瓦尔兹扎德认为，中国所展现出的责任心和担当，符合人们的期待，这是一个负责任大国在维护世界人民的生命安全和身体健康方面应有的担当。

无独有偶，天津科学高效地处置"歌诗达赛琳娜"号邮轮疫情危机1天后，1月26日"歌诗达威尼斯"号邮轮停靠深圳港，同样获得科学有效的处置。有海外网友羡慕地说："不止一艘邮轮遇到感染问题，之前抵达中国天津的就没事，每个人都平安回家了"，"比起美国，中国做的更多"，"请学学中国吧！"①

多说一个细节。在2月19日，停靠日本横滨港的"钻石公主"号邮轮解除隔离的当天，一辆前往东京羽田机场的大巴早就等候在码头上。大巴车的车头上挂着横幅，上面用中文写着："走，咱们回家！"

这就是中国。这里有我们赖以生存的土壤，这里有我们传承千年的血脉，这里有我们伟大复兴的希望。

何其有幸，生于华夏！

---

① 《看到这艘美国邮轮的遭遇，外国网友又想起了中国》，参考消息网。

17

"全国一盘棋"还是"各自为战"

突如其来的新冠肺炎疫情，让世界各国政府纷纷忙于防疫，这是对各国政府治理能力和公共卫生体系的一次严峻考验。在应对这次"考试"的过程中，不同的"备考复习"方法导致了截然不同的结果。

在此次抗击疫情的实践中，中国在中国共产党的集中统一领导下，无论是中央政府还是各级地方政府，上到国家社会，下到民众百姓，上下一条心，表现出了高度的统一性和协同性，这也是此次疫情考核中中国交出满意答卷的重要因素之一。虽然对比其他西方发达国家，这种"全国一盘棋"、上下一体的联动举措是十分罕见的，但经过实践检验，这是目前最有效的疫情防控方式。

党的十九届四中全会从 13 个方面系统总结了我国国家制度和国家治理体系的显著优势，一个重要方面就是"坚持全国一盘棋,调动各方面积极性,集中力量办大事的显著优势"①。从原子弹研发到三线工程,从2003年"非典"到汶川地震,无不体现出我国社会主义制度集中力量办大事的巨大优越性,而这一优势在此次新冠肺炎疫情中体现得尤为明显。

在2020年2月3日的中央政治局常委会上,习近平总书记指出:"疫情防控要坚持全国一盘棋。各级党委和政府必须坚决服从党中央统一指挥、统一协调、统一调度,做到令行禁止。"②全国一盘棋,从中央的角度来看,就是对全局统筹规划,将各方力量汇聚起来,集中统一领导。从各地方的角度来看,就是要"坚决服从党中央统一指挥、统一协调、统一调度,全民总动员、全力抓防控,切实守护好人民群众生命安全和身体健康"③。

随着党中央一声令下,各行各业、干部群众都行动起来,众志成城、共克时艰。在抗击疫情的过程中,中央统一指挥,各级政府、居委会、村委会密切配合,将各居民区、交通要道、人员密集场所封闭起来,严格限制人员流通;全体人民也积极响应中央的号召,非常自觉地居家隔离,不去人员密集场所,取消不必要的社交,出门佩戴口罩,回家勤洗手,真正做到了"令行禁止",把感染的风险降到最低;官方媒体随时更新疫情最新进

---

① 《人民日报系列评论带你读懂"中国制度"13大显著优势》,人民网。
② 习近平:《疫情防控要坚持全国一盘棋》,人民网。
③ 《坚持全国一盘棋 汇聚抗疫强大合力》,新华网。

展,自媒体也积极配合进行正面宣传,网络舆论自发地持续弘扬正能量;医务工作者、科学家也纷纷响应党中央的号召,主动递交请战书,争当志愿者,奔赴抗击疫情第一线,涌现了一批又一批以钟南山院士为代表的勇士们;各单位、社团组织志愿者宣传防疫知识;"一方有难,八方支援",湖北、武汉需要什么,全国各地就支援什么,全国的一切抗疫工作都有条不紊地按照党中央的部署层层展开,由各级政府层层落实,没有引发大的社会恐慌。

坚持"全国一盘棋"的中国,在党中央的集中统一领导下,全国上下同心、凝心聚力,为中国的疫情防控提供了最坚强的保障。"全国一盘棋"完全是以人民为中心的,是把人民的生命安全放在第一位,是顾全大局的统筹兼顾。

不久前,有一则视频火遍网络,主人公是一名美国护士。在视频中,该护士含泪哭诉,决定辞职。护士哭诉说,医院里护士自己的安全都保障不了,医院不为其提供 N95 口罩,甚至禁止戴口罩,但她们却还需照顾病人,无奈之下只好辞职保命。在美国疫情如此严峻期间,最应该守在一线的医护人员却含泪辞职,与中国那无数逆行的白衣战士们形成了鲜明对比。疫情之下,大洋两岸,竟是如此不同。

自疫情暴发后,美国政府根本没有认真应对疫情,组织不力、动员不够,导致疫情扩散愈演愈烈。截至北京时间 8 月 16 日 5 时 33 分,美国已累计确诊病例 5348556 例,累计病亡人数

169313 例,成为全球疫情重灾区。然而美国政府根本不反思自己的行为,而是一味"甩锅"中国,一直在给中国泼脏水、扣帽子,不断地抹黑中国、粉饰国内太平,欺骗美国人民。

自 2 月份开始,特朗普就罔顾事实,将新冠肺炎病毒比作"大号流感",对于任何提醒的声音都大加鞭笞。他说,民主党为了让他下台,而不断编织疫情的"骗局";积极抗疫、对联邦政府防疫工作不满的华盛顿州州长是"喜欢占人便宜的蛇"。他痛斥美国疾病预防控制中心在散播不必要的恐慌,要对股市暴跌承担责任;他谴责世卫组织数据造假,蛊惑人心。他始终对自己的防疫工作百分百满意,并且宣称没有人比他更懂,他永远都是"最完美""最聪明""最了解病毒"的人。然而就是这个"最懂"病毒的人,在美国累计感染将近一百万人之际,居然让本国民众打消毒剂防疫,以至于很多美国民众真的去询问注射或摄入消毒剂是否有助于治疗新冠肺炎病毒。

之所以会这样就在于,特朗普心中想的只是 2020 年的连任,如果采取强硬措施,对疫情严重地区进行封锁隔离,虽然可能挽救一些美国人民的生命,但势必会重创美国经济,进而影响选举,他明显不希望这样的事情发生。于是特朗普政府一再淡化病毒的严重性,甚至持续考虑能否尽早复工,以减少对经济的冲击。

尽管美国国内疫情防控形势十分严峻,不容乐观,但美国政界仍争论不休、互相指责。正是由于美国政府的政治结构,使得美国政府在处理大事上的应急能力十分低下。美国是三权分立的体制，这就导致了国会、联邦政府之间时常掣肘，内部分化严重。民主党与共和党之间互相踢皮球，为了所谓的政治利益而无所不用其极，隐瞒新冠肺炎疫情，罔顾美国人民生命安全和身体健康，不采取积极有效的防控措施，使得美国沦为疫情的重灾区，使美国人民深受疫情荼毒。疫情期间，民主党多次指责特朗普政府效率低下，众议院议长又在与特朗普"世纪斗嘴"。同时，特朗普政府的"钱袋子"还把控在国会的手里，亡羊补牢的经济援助计划三番五次地达不到 60 票的门槛，最终以失败告终。

不仅如此，美国的联邦政府与各州政府之间也存在极大的矛盾，双方扯皮不断，互相推卸责任，互相指责，互相拆台，使得联邦政府的"上令不能下达"，不会被坚决执行、贯彻落实，而各州政府只能各自为战。在疫情防控最紧要的关头，纽约州州长科莫和特朗普之间围绕疫情及相关的问题发生了多次分歧，并借助媒体隔空互掐，从呼吸机等装备问题，到隔不隔离、如何隔离等问题，双方唇枪舌剑、互不让步。因为纽约州是全美的重灾区，而联邦政府只愿意拿出 400 台 ECMO。科莫知道后大发雷霆，直接在发布会上说，联邦政府是让纽约人等死，联邦政府无奈追加到 4000 台。3 月中旬，特朗普单独点名纽约州州长科莫，表示科莫必须要做得更多。对此，科莫当天在推特上回击："你可是总统！只要把陆军工程兵团指挥权给我，我就可以接手。"在关于复工的问题上,特朗普说自己有绝对权力,决定地方政府的复工日程。科莫之后回应:"美国没有国王,人民也不想要国王。"特朗普被激怒,在推特上大骂科莫:"科莫每天都在打电话讨物资,缺这缺那的,我都帮他搞定了。现在他却要搞独立!不准!"科莫再次回应:"如果他(特朗普)想吵架,我是不会让他得逞的。"

由于体制的原因,联邦政府缺乏对州的绝对领导权,无法有效对各州的行为进行管理,而州虽有自主权,但以一州之力难以抵抗疫情的狂潮,在自主权问题上州又不可能让步,这就使得美国的抗疫陷入两难局面。美国人民也由于政府的不给力而对政府丧失信任,导致在美国采取封城防控疫情之时,人民无视事态的严重性,依然组织大规模游行示威,抗议封城,要求解禁。正如美国《大西洋月刊》近期刊文所描述的:"新冠病毒并未让美国解体,而只是暴露了已经解体的美国。"因此,对于美国来说,因为体制问题,它无法有效地汇聚各方力量,政策也没有得到美国人民的拥护和支持,它无法像中国一样,"全国一盘棋"凝心聚力地打赢疫情阻击战。

2020年伊始,新型冠状病毒的阴云笼罩着世界,这对全世界来说是同样的黑暗开局,然而中美两国却迎来了截然不同的结局。正所谓实践是检验真理的唯一标准,中国集中力量办大事的中国特色社会主义制度体现了巨大的优越性,而一直被美化的西方民主体制也表现出了它腐朽落后的一面。显而易见,在疫情大考之下，"全国一盘棋"的近乎满分的答卷，完胜依然在疫情肆虐下苦苦挣扎的"各自为战"。

18

"手中有粮，心中不慌"

"手中有粮，心中不慌"，可以说是在疫情防控期间，居家隔离的全国人民心理的真实写照。

疫情当前，做好疫情防控工作是国家最重要的事情，所以党中央果断采取措施，武汉乃至湖北按下了暂停键，以防止疫情进一步扩散。全国人民在感谢湖北人民的牺牲奉献之际，也不禁有些担心，湖北人民生活所需的各种物资将如何保障。事实证明，我们的担心有些多余，因为党和政府时刻以人民为中心，把老百姓最关心的问题早就安排明白了。

在 2020 年 1 月 23 日武汉封城之际，商务部就建立了九省联保联供机制。这个机制主要的目的是及时了解供需情况，及时帮助重点地区生活必需品的供应实现高效调配，以便迅速解决疫情暴发之后疫情的中心区域能够尽量少地受到封城等影响，能够保障当地居民的正常生活。随后，在武汉封城期间，举国上下都响应号召，为武汉为湖北倾囊相助，通过九省联保联供机制向武汉等疫情中心供给生活必需品与生鲜蔬菜等食品。山东的大白菜、内蒙古的土豆、东北的大米等，源源不断地运往湖北。据商务部公布，在离汉通道关闭期间，武汉市的供应是高于全国平均水平的，生活必需品如米面油、肉蛋奶、水果蔬菜等，基本上是超过一个星期，最多的超过30天。疫情期间，猪肉价格一度在全国范围内疯涨，让大多数市民望而却步，党和政府在了解到情况后，立即重视起来，将国家贮备的冻猪肉投放市场，同时扩大猪肉的进口，最终引导猪肉价格回落至正常价格水平，稳定了猪肉市场。

此外，疫区的超市里各种物资也是应有尽有，老百姓可以按实际需要购买物资，不必因担心买不到而大量囤积、抢购物资，社会经济秩序十分稳定。反观国外，疫情之下，各类商店市场经常性地关门歇业，疫情危急地区生活物品供给不到位的消息屡见不鲜。在疫情暴发的最紧要关头，党中央统筹规划，在全国范围内统筹调配生活物资，保障了疫情严重地区的民生，稳定了民心，为疫情防控提供了一个稳定的大后方。正如2020年3月10日，习近平总书记在武汉考察疫情防控工作时特别指出的，民生稳，人心就稳，社会就稳。[1]

俗话说，民生无小事，枝叶总关情。各级各地政府部门，充

---

[1]《习近平赴武汉考察疫情防控工作讲话金句》，新华网。

分依托社区网络，建立抗疫社区服务站，居民们通过手机下单，然后由超市物流中心集中分拣，及时发送到各个社区。消费者按订单到服务站自提，购物结账提货全程无接触。同时在社区空旷地带设置临时蔬菜销售点，定时定点进行销售，保障蔬菜供应，减少人员密集所带来的隐患。政府在努力，人民也在积极行动。很多个体户、公司、组织等自发承担起生活物资保障工作。比如，上海的有量信息技术有限公司紧急抽调公司骨干组建研发团队，开发了县域物资供应线上平台，专用于县域内疫情期间物资保障，并将此平台免费用于各地商务系统。此系统不仅解决了封村情况下居民的物资供应，同时也充分解决了供应商疫情期间商品滞销的问题。再比如，疫情期间，12万名苏宁员工坚守一线，旗下苏宁家乐福、苏宁小店、苏宁易购线上超市等紧急加购、及时补货，保障了广大居民的"米袋子"和"菜篮子"。人民和政府齐心协力，共克难关，成功解决了疫情期间的民生保障问题。

值得一提的是天津的"速生菜"项目。在疫情防控初期，又恰逢春节假期临近，天津市一度出现物价上涨、供应短缺的情况。对此，天津市有关部门积极应对，确保疫情期间天津市场蔬菜供应充足、菜品消费价格稳定，对疫情期间的蔬菜生产给予专项补贴，争取市财政补助资金1000万元，对筛选确定的蔬菜生产保供基地抢种速生菜给予每亩800元补贴。同时对保供基地委托的集约化育苗，给予每株0.02元到0.04元不等的补贴。武清区高村镇农业示范园是国家级现代农业产业园,为保障疫情期间的蔬菜供应,稳住人民的菜篮子,紧急调整种植计划,种植速生菜。津南区也制定出台 15 条惠企措施,"确保农业生产不亏时令"是其中的重要一环。一个多月以来,2 家市级保供基地、9 家区级农业园区,放弃经济效益高的种植品种,利用茬口改营菠菜、油菜、快菜、小白菜、油麦菜、生菜等 6 种速生叶菜,让民生最基本需求不脱销、不断档。目前,仅跃进、月坛两家市级基地,累计种植"速生菜"达 137.4 亩,采收量近 140 吨。

要知道,在市场经济条件下,生产者是要追求利益最大化的,放弃经济效益高的种植品种,收益的缩水也是必然。可以肯定的是,如果他们都不愿意放弃利益而继续生产经济效益高的品种,由于生长周期较长,百姓可能面临吃不到菜或者是由于供不应求而导致菜的价格飙升的局面,这将使天津人民的生活需求得不到保障。然而党和政府并没有让这种情况发生。她时刻以人民为中心,统筹谋划,总体布局,积极引导,集中力量解决人民最关心的问题。人民也应该感谢这些蔬菜种植基地,他们牺牲了一些个人的、小集体的利益,积极响应党和政府的号召,为了人民群众的大利益服务,这才是新时代中国企业应当具备的担当。危难当头,同舟共济,齐心协力,共渡难关。

正所谓民以食为天。因为手中有粮,所以全国百姓才能安心宅在家里隔离,而不必担心吃不上饭。因为手中有粮,所以全国百姓才能深刻地感知到党和政府一切为了人民的初心。有这样的党和政府,我们心中不慌,我们坚信没有一个寒冬不可逾越,没有一个暖春不会来临。正如习近平总书记于5月23日上午在看望参加全国政协十三届三次会议的经济界委员并参加联组会时所指出的:"对我们这样一个有着14亿人的大国来说,农业基础地位任何时候都不能忽视和削弱,手中有粮、心中不慌在任何时候都是真理。"①

---

① 《习近平看望参加政协会议的经济界委员》,新华网。

19

国企的战"疫"担当

国难思良将，板荡识诚臣。

面对新中国成立以来前所未有的严峻疫情，国有企业和人民同甘共苦、心心相印，成为"饱和式救援"的主力军，成为"战时状态"下维护安全稳定的定海神针，成为率先复工稳定经济增长的开路先锋。

艰难困苦，它们从来都在

习近平总书记说："中华民族历史上经历过很多磨难，但从来没有被压垮过，而是愈挫愈勇，不断在磨难中成长、从磨难中奋起。"[①]

这其中很重要的原因就是，国有企业始终是党和国家最可

---

① 习近平：《毫不放松抓紧抓实抓细防控工作 统筹做好经济社会发展各项工作》，《人民日报》，2020 年 2 月 24 日。

信赖的依靠力量。

新中国成立初期，旧的产业结构分散脆弱，难以启动工业现代化。党领导人民白手起家，打下了国有经济的基础：贫油、贫铜、贫锌、贫铁、贫镍的帽子是国企甩掉的；最早的汽车、拖拉机、青霉素是国企造的；"两弹一星"是国企送上天的；"三线"建设是国企承担的；一亿多优秀产业工人是国企培养的；人民吃饱穿暖的基础是国企打下的。

改革开放以来，国企继续服务国家和人民长远的需要。我国信息畅通、公路成网、铁路密布、高坝矗立、西气东输、南水北调、巨轮远航、天眼开动、墨子探幽、天宫上天、蛟龙入海……都是以国企为主力实现的。

在承担社会责任方面，国企是领先者、卓越者。这种责任担当，化为在一次次重大突发事件面前的挺身而出。

由基建工程兵华丽转身的北京城建二公司，是一支在历次急、难、险、重的政治任务面前拉得出、打得响、拼得赢的施工劲旅。2003 年，七天七夜抢建小汤山医院，创造了世界建筑史上的奇迹，使小汤山医院成为一个响当当的名词；2008 年，二公司又铺上百万家底，入川抗震救灾援建；2012 年，二公司再次集结 3000 人马前往北京房山抗洪抢建周转房……

战洪水、防"非典"、抗地震、控疫情……国有企业始终把履行社会责任作为"天职"，冲锋在前，保障人民的生命财产安全。小家服从大家、企业维护国家的大局意识，勇当先锋、迎难而上的担当精神，早已融入国有企业的血脉。

突发疫情，它们尽锐而战

视线转回 2020 年。

在疫区前线，国有企业闻令而动，尽锐出战。

捐款捐物彰显了国企的"民生情怀"。疫情当前，国有企业以义不容辞的担当之态，捐钱捐物挺身而出。其中中粮集团以 7.52 亿的捐赠独占鳌头。除中粮外，为国出力、倾情付出的还有捐赠 2.1 亿的招商局、1.4 亿的三峡集团、1.1 亿的中国移动与国家电网、8000 万的茅台集团……纷纷出资的还有中国工商银行、中国农业银行以及国家能源集团等。

钱物有价，情义无价。除了企业捐赠，国企各级党组织和广大党员积极响应号召，踊跃缴纳特殊党费，在关键时刻汇集起了抗击疫情、共克时艰的强大力量。

"中国速度"彰显国企"中国效率"。从中国制造到中国建筑，中国速度震惊全球。中央企业集团、医疗物资生产一线单位用战时方式强力推进医疗物资生产保供，确保第一时间给奋战在抗疫一线的医护人员提供防护"铠甲"。在较短时间内，全国口罩日产能超过 1.1 亿只，一次性医用防护服日产能超过 150 万件，手持式红外测温仪日产能 40 万台。武汉火神山、雷神山医院由中建三局牵头承建，2 万多人日夜兼程，10 秒钟一面窗、2 分钟一堵墙，国有电力、矿业、油气、通信企业免费提供各类物资,缺什么就造什么,要什么就给什么。10 天建成火神山医院、12 天建成雷神山医院背后, 是一大批可爱的中国国企,包括中建一局至八局、中建装饰、中建科工、中建安装、中建西部建设、中建铁投、中建科技、中建财务等多个中建集团子公司,以及武汉建工、武汉市政、汉阳市政等省属国企。

国有企业承担了全国各地专门医院的建设改造任务。同时,中国建筑、中国五矿、中国中铁、中国铁建在全国建成超过100 座专门医院、方舱医院,数日之内由"人等床"变成"床等人",速度让世界震惊。世界卫生组织总干事谭德塞说:"中方行动速度之快、规模之大,世所罕见。"世界顶级医学杂志《柳叶刀》评论说:"没有其他任何一个国家可以用这样的速度动员各种资源和人力。"

这些国企在党中央统一部署下充分发挥了主力军、"国家队"的作用,通力合作、火速驰援,以实际行动向全球诠释了国有企业努力下的"中国效率"。在非常时期,每个国企人,都是疫情防控兵。他们不计得失、不惜代价做出非常贡献,为抗疫提供坚实基础保障。

复工复产,它们勇挑大梁

经济社会是一个动态循环系统,不能长时间停摆。恢复生产生活秩序,关系民生保障和社会稳定,关系全年经济社会任务目标的实现。

习近平总书记在陕西考察时指出："在防控疫情中，国有企业充分发挥主力军、生力军的作用，在推动复工复产过程中，国有企业也要发挥主力军、生力军的作用。"①

国有企业充分发挥好国企制度优势，在特殊时期排除万难做好复工复产保民生的先行者。

在 2 月 12 日中共中央政治局常委会召开当天，北京国企复工率已达到 99.7%，上海国企复工率约为 80%，浙江省属保障类企业复工率 79%。经过不懈努力，截至 6 月 3 日，湖北省已开工"四上"企业 44305 家，复工率达到98.6%；已到岗696.82 万人，复岗率 98.3%。同时，不断推动一系列重大工程、重大项目有序复工复产。

国家电网复工总规模超过 700 亿元的重大项目，三峡集团集中开工总投资 580 亿元的 25 个新能源项目；长征二号丁运载火箭、运-20 大型运输机等国防型号项目如期复工；核电、重型燃机、C919 大型客机、"复兴号"列车等重点项目有序推进；中俄东线天然气管道工程中段项目、中老铁路等"一带一路"重大工程已全面开工。

国企千方百计克服困难，冲锋在前，积极发挥在产业链中的重要带动作用，为全社会复工复产提供了有力保障，促进全产业链有序复工。通过让利方式，降低民营和中小企业的运营成本。

---

① 《越是危急越担当——抗疫复工最前线的国企力量》，新华网。

电网企业向超过 5000 万家企业用户降费约 200 亿元；中央电信企业推出话费赠送活动累计投入超 5000 万元，电信企业累计为约 16 亿人次提供缓停机服务，对中小微企业、互联网专线、企业宽带在疫情期间执行减免政策，让利 150 亿元。

各地国企也始终坚持"让利于民"，减免房租、地租等资本性收入。上海市属 34 家国有企业减免租金合计 25 亿元，惠及约 3.5 万家中小企业。天津对承租国有资产类经营用房的中小企业免收 3 个月房租、3 个月房租减半（即 3 个月免租，3 个月只收一半的房租）。深圳市区两级国有物业为非国有企业减免 2 个月租金。

在战"疫"中，国企把打赢疫情防控阻击战作为重大政治任务，在党的坚强领导下令行禁止，迅速形成抗击疫情的强大合力和凝聚力。

国企速度，他人望尘莫及

"祖国需要什么，我们就生产什么""价格不涨、质量不降、供应不断"……不讲条件、不计代价、全力出击，国企战"疫"顶梁柱的作用有口皆碑，国企的优势有目共睹。

优势的密码是什么呢？

关键词一：党的领导

党的领导是国有企业特有的政治优势。中国共产党的成立，让一盘散沙的中国人从精神上由被动转为主动，用科学的世界观认识世界、改造世界,组织起来改变命运。党的苦难辉煌、崇高理想、使命担当,也是国有企业特有的灵魂。国企不是像西方企业那样,仅仅对利润、对股东负责,而是党赢得具有许多新的历史特点的伟大斗争胜利的重要力量,是有崇高理想和情怀担当的企业,这就是"政治站位"。抗疫实践证明,党领导国企不仅仅是一句口号,而是实实在在转化为企业治理的优势。

党组织在战"疫"的速度与效率背后发挥了"主心骨"作用,在党的坚强领导下令行禁止,广大国企把打赢疫情防控阻击战作为重大政治任务,迅速形成抗击疫情强大合力。

关键词二:以人民利益为追求

国有企业的价值取向,决定了其在危机时能有效调控稀缺资源,即使亏损也要保证运营,从而避免物资短缺导致混乱,而这是多数国家在危机中最大的挑战之一。中石油、中石化、中化、中粮、通用技术、中储粮、华润、中国化工、国药、新兴际华等十家央企承诺:疫情期间"价格不涨、质量不降、供应不断";电网企业确保"医院建到哪里,电就通到哪里",发电企业数万名职工冒险奋战在湖北一线,中国移动为防疫指挥人员、一线医护人员、隔离人员等90万人提供免停机服务。国航、东航、南航在客座率很低的情况下保障国内航线和重要国际航线不断航。到前线支援疫区的4.2万医务人员,几乎全部是公立医院人员。一位美国网友在社交媒体上说,美国大部分医院是私立医院,一半医生是自由执业,调集到前线谁来付钱呢?很难实现这样的调动。

国有企业在全国范围建成纵横成网、布局均衡、节点密集的基础设施网络,增强了经济社会运行的韧性和稳定性,无论哪个"节点"失守,都能尽快修复,迅速调集资源支援重疫区,从而防止风险蔓延。

战"疫"的速度与效率依托于国有企业不凡的综合实力,此次疫情成为近年来国企改革发展成效的"摸底考"。党的十八大以来,国有企业不断在改革中成长、在发展中壮大,内生活力不断显现,发展质量持续增强。无论是创造令世人惊叹的"火雷速度",还是快速切换生产线制造紧缺抗疫物资,都体现出国有企业强大的技术能力、组织动员能力和产业综合配套能力。

事实说明,中国公有制的主体地位不可动摇!在国家发生突发公共社会危机之际,在武汉和国家最困难的时刻,正是那些勇于担当的国有企业,最先伸出援手,提供了最大力度的支持,充分说明了国有企业强大的动员力和执行力,保障了社会主义公有制的优越性。它们用实际行动诠释了国企的社会情怀,以过硬的本领技能诠释了"中国速度""国企效率",以高度的组织柔性诠释了国企如何在高度不确定性面前及时切换转型,实现了业务创新与流程创新。国企亮剑战"疫",彰显了英雄本色,减少了社会震荡,增加了人民信心。

艰难困苦,玉汝于成。走过万水千山的国企正在为决胜全面建成小康社会、决战脱贫攻坚做出更大贡献……

当黄鹤楼畔回归安宁，当健康和平安再次回到流光溢彩的城市、花团锦簇的乡村，应该由衷地说一句：多亏有你，中国国企！

民企抗疫真"硬核"

疫情来势汹汹,在国企勇挑重担的同时,有另外一股力量也在快速地凝聚,成为抗疫战线上的一抹亮色。

这股"神秘"力量有一个响当当的名字——民企。

抗疫,我们是认真的,及时捐款捐物支援

疫情阻击战,湖北是一线。

民企在积极抗疫的过程中当仁不让,第一时间积极响应号召支援武汉。

2020 年 1 月 24 日,腾讯宣布捐款 3 亿,设立第一期新冠肺炎疫情防控基金;美的家用空调捐赠建设火神山医院所需通风系统和循环系统等空调产品,同时美的 100 位安装人员均准备就绪,奔赴现场。

1 月 25 日,阿里巴巴集团设立 10 亿医疗物资供应专项基

金,尽其所能保障武汉地区百姓生活,确保所有捐赠通道畅通。

1月26日,美的集团向湖北疫区捐赠1亿元;新希望第一时间响应,旗下兴源环境科技主动请缨,近百名员工从除夕起夜以继日,火线参建武汉火神山医院、雷神山医院污水处理工程,为抗击疫情争分夺秒。

一箱箱口罩、消毒液、防护服从四面八方汇聚到医护前线;联想的IT设备,美的、TCL和创维的家电,金牛管业的管道产品,火速抵达武汉火神山、雷神山医院;娃哈哈、禾丰牧业提供的牛奶、饮品、蔬果肉蛋,进入防控一线、医护家庭……保障抗疫第一线的物资补给。

据全国工商联统计数据显示,截至3月30日9时,全国共有110314家民营企业通过捐款捐物、设立基金、提供保险保障、租金减免、各种补贴等方式支持疫情防控,捐款172.14亿元,捐物价值118.83亿元,设立基金61.81亿元,其他类保险保障、租金减免、补贴等151.21亿元。

争分夺秒,与疫情赛跑,一批天津市的民营企业在行动。

"疫情面前没有旁观者。"

这是天津民营企业——云账户(天津)共享经济信息咨询有限公司董事长杨晖说得最多的一句话。为了支援抗疫一线,该企业拿出1000万元,定向捐赠给武汉和天津各500万元。

天津医疗器械商会副会长企业——天津哈娜好医材有限公司通过湖北省红十字会,定点向武汉市、黄石市等地区多家医院捐赠价值 160 余万元的医用输液器和注射器,用于抗击疫情医院所需。

天津市仁爱集团通过湖北省慈善总会捐款 2000 万元,用于武汉及周边地区疫情防控工作。

天津荣程钢铁成立了防疫项目工作组,向天津红十字会捐赠 1 亿元人民币,并联系了 150 万元的防疫物资。

老字号企业狗不理集团于 1 月 31 日为天津海河医院坚守在疫情一线的医护人员送去 50 箱狗不理包子。同时号召旗下狗不理、天津同仁堂、宏仁堂三家老字号企业各捐款 200 万元,共计 600 万元,用于一线疫情防控工作。

天津友联盛业科技集团捐款 100 万元,其中 50 万元用于宁河疫情防控统一使用,50 万元用于防疫一线人员和医学观察人员配餐(2 万份)。

天津新华投资集团向所在地医院捐赠价值 10 万元的防疫物资,并贡献旗下电子屏幕滚动播放抗击疫情的公益广告。

天津滨海富民集团捐赠 1000 桶消毒液,并为旗下农贸市场、底商和楼宇租赁商户减免二月和三月的房租,共计 10 万元。

在疫情面前,广大民营企业家争相献出爱心,挺身而出,勇担责任,为打赢疫情防控阻击战做出了重要贡献。

抗疫,我们是有底气的,复工复产需要我们

大"疫"灭亲、临危不"聚"、"罩"夕相处成为 2020 年春节独

特的过节方式。

在万家灯火的春节,街上空无一人,传统习俗"拜年"也被大家暂且搁置,这种"老老实实待在家里不出门就可以为祖国做贡献"的心愿也得以"实现"。

然而居家隔离不代表与社会相脱节,"停课不停学""云授课""云工作"成为新的生活方式。

谁来保证"云作业"顺利进行?

数以万计的民营企业同国企一样,站了出来!

一个个免费资源向学生们快速开放:学而思培优推出免费公益课,累计为学生提供线上学习服务近700万人次;钉钉、腾讯课堂、腾讯会议等免费提供网络授课、工作平台,把疫情对人们生活的影响降到最低。

"国家需要什么,我们就造什么。"这从来不是一句空话。

一线医疗物资紧缺,有民营企业迅速改组生产线,舍弃经济效益,优先生产急需物资,天津市新宇彩板有限公司在大年初一接到了2000吨彩涂板的生产订单,全部用于武汉市火神山和雷神山等医院的板房建设。

米面粮油等生产物资有缺口,有民营企业鼓励员工在做好防护的前提下,提前复工送货上门,物美集团设立专项基金,平抑蔬菜等民生商品的价格;美团增加优质供应商,增加净菜和半成品类商品。

基层防控点多、面广、压力大,有民营企业组织员工成立党员志愿服务队，和基层干部一起坚守乡村、社区防控一线，"盒马"携手兄弟行业，发起"共享员工"计划，在特殊时期支撑着城市的运转。

农产品滞销，有民营企业发挥渠道优势为其找销路、找市场，通过淘宝、京东、苏宁、拼多多等平台，让一车车莲藕、柑橘、大虾、黄鱼从湖北、四川、山东、浙江发往全国各地，直抵消费者的餐桌。

还有民营企业主动为援鄂医务人员提供住宿、送上关爱礼包……

一桩桩、一件件，众多民营企业挺身而出的事迹，既体现了它们面对疫情的责任和担当，也彰显了中华民族同舟共济、守望相助的家国情怀。

抗疫，我们是真心的，全球抗疫同舟共济

大疫当前，中国采取最全面、最严格、最彻底的防控举措，像钉子一样钉在全球抗疫第一线，牢牢守护14亿人的健康安全。但是与此同时，新冠肺炎疫情却持续在全球蔓延，海外确诊人数不断增长。

天下一家、命运与共。中国民营企业为世界安危担当，为人类健康尽责，为团结合作聚力，同舟共济，共克时艰，秉持人类命运共同体理念，在做好自身防控工作的前提下，发挥各自优势，向多个国家和地区提供援助和支持，为全球抗疫贡献中国

民企的力量。

3月11日，苏宁国际集团宣布紧急捐赠首批急需抗疫物资30万只口罩驰援意大利。同一天，中国发展研究基金会副理事长卢迈、深圳国际公益学院董事会主席马蔚华联名给意大利前总理普罗迪写信，向深陷疫情的意大利民众表示慰问，并愿意为意方抗击疫情助一臂之力。

"意大利目前疫情严重，急缺口罩、防护服、护目镜等医疗物资，希望基金会能够帮助意大利筹措相关物资或提供购买渠道。"普罗迪当天立即回信。

为此，一场"支援意大利抗击疫情行动"正式展开：

3月15日，荣程集团捐赠的1000套医用防护服、5万只一次性医用口罩、5000件一次性检查手套抵达基金会；3月16日，蓝帆医疗捐赠的20万件一次性检查手套抵达基金会；中国狮子协会四川代表处八分区捐赠的5万只一次性医用口罩抵达基金会；老牛兄妹基金会捐赠的10万只一次性医用口罩抵达基金会；3月18日，魏桥集团捐赠的8万只医用口罩寄出……

在中国与非洲国家之间，一条阿里菜鸟"全球救援绿色生命线"已经架起。3月22日，马云公益基金会和阿里巴巴公益基金会捐赠的540万只口罩、108万个试剂盒、4万套防护服和6万个防护面罩运达非洲，用于支援非洲国家抗击疫情。"人心齐，泰山移。"中国援非抗疫物资包装上这句耳熟能详的谚语，饱含中国人民对非洲人民的深情厚谊。

3月28日，一辆辆满载防疫物资的专用货车从长沙三一工业园陆续出发。车上装载的是三一集团向印度、德国、意大利等34个国家捐赠的100万只口罩，第一时间将口罩送到有需要的人手中。

"一带一路，守望相助，中柬同心。"同天，红豆集团宣布向柬埔寨捐赠100万只口罩。捐赠现场，数以万计的装箱口罩垒成一面墙，纸箱上印着中柬两国国旗。

根据各级工商联及所属商会提供的捐赠数据，截至4月8日15时，已有84家民营企业、基金会或商（协）会向海外捐赠医用口罩、病毒检测试剂盒、呼吸机等各类医疗防护物资，并设立全球战"疫"基金。它们是一支具有真正"硬核"力量的支援队！

勇于担责是民营企业应有的姿态

疫情肆虐，越是艰险，越要向前。

广大民营企业用强烈的社会责任感和强大的创造力，为中国经济加快"满血复活"注入能量。

面对这场大考，民营企业家们敢于答题，勇于创新，走出舒适区，寻找新机遇。五星级酒店转型卖早餐、制衣企业开工造口罩远销海外，企业老总走进直播间把卖场开到了"云上"去……如此一系列如火如荼的自救活动，让我们不得不叹服中国民营企业灵敏的嗅觉、灵活的身段和百折不挠的韧劲！

5月23日上午，习近平总书记听完出席全国政协十三届三次会议有关委员关于民营经济化危为机的汇报，满怀感慨地称赞："民营企业成长在中国希望的田野上。开始是一片荒芜的田野，在夹缝中求生存。"但是"民营企业发展到今天如此之规模，对中国特色社会主义作出如此之贡献，那确实是很了不起的"。①

经过几十年的努力，中国民营企业蓬勃发展，不仅以敢为人先的创新意识、锲而不舍的奋斗精神为中国经济发展贡献良多，也承担起了更多的社会责任。国家号召，责无旁贷。当国家面临重大事件时，民营企业始终积极担负应尽的使命和责任，在关键时刻，始终成为一股顶得住、上得去的"硬核"力量！在1998年迎战特大洪水、2003年抗击"非典"、2008年汶川地震救灾中……始终有民营企业的身影。随着疫情防控工作的日趋深入，越来越多的民营企业加入进来，克服自身困难，出钱出物出力，承担起应有的社会责任。

"敢为天下先，爱拼才会赢。"在市场经济的大海中"搏杀"四十余年的中国民营经济，绝不是温室中的"娇花"，而是不惧风雨、迎难而上的翠竹，在中国这片希望的田野上，一定可以继续茁壮成长，节节高升，贡献更多力量！

---

① 习近平：《民营企业成长在中国希望的田野上》，人民日报海外网。

21

"直面短板"还是"急于甩锅"

2020年5月21日晚，长安街，雨后夜空下的人民大会堂内外，灯火通明。

十三届全国人大三次会议大会发言人、全国人大外事委员会主任委员张业遂在这场历届全国人代会新闻发布会最为罕见的一场——召开在深夜，两个会场同步联动——视频连线提问的记者会上坦言，中国目前有30多部与公共卫生法治保障有关的法律，这些法律在这次疫情大考中总体经受住了考验，发挥了积极作用，但是也存在一些短板和不足。

同时，他主动透露，全国人大常委会已经制定了专项计划，成立了工作专班，计划今明两年制定修改法律17部，适时修改法律13部。重点是抓紧完善新制定的《生物安全法》草案，争取年内审议通过；抓紧修改野生动物保护法，争取今年下半年提交审议；尽早完成修改动物防疫法；抓紧修改国境卫生检疫法;同时,要认真评估《中华人民共和国传染病防治法》《中华人民共和国突发事件应对法》等法律,有针对性地对其进行修改完善。

这只是中国直面疫情防控短板的一个缩影,但却折射了中国最真实的疫情防控态度。当然,更为重要的是,面对这场突如其来的新冠肺炎疫情,在大自然磅礴的力量冲击之下,人们有机会一窥各个国家的应对能力。

从国际关系学角度来看,检验一个国家的能力有四个指标,它们分别是战争、经济发展、大型体育赛事、应对灾难的能力。如何应对瘟疫侵袭是检验一个国家应对灾难能力的重要考量标准。

面对这场突如其来的疫情,我们几乎是仓促上阵。在党中央的领导下,每个人都参与其中,做出了自己的贡献,开展了一场举世瞩目的抗疫人民战争、总体战、阻击战。

我们全身心地投入抗疫,保卫自己的生命和健康,也保卫整个人类社会,很快便稳住了阵脚。

我们已经从最初的迷茫中抽离出来。或者说,面对这样一场自新中国成立以来传播速度最快、感染范围最广、防控难度最大的重大突发公共卫生事件,面对这样一场特殊的考试,我们交出了优异的答卷。

不可否认,在考场上,我们暴露出了一些短板和弱项,也听到不少批评和质疑的声音。然而在危机之下,从中央到地方,补短板、堵漏洞、强弱项,已经达成共识。

我们党因革命而生,勇于自我革命是熔铸在中国共产党人血脉里的政治基因,是党永葆先进性和纯洁性的制胜法宝。回顾改革开放四十多年的历程,我们可以清楚地看到,在进行社会革命的同时不断进行自我革命,是我们党区别于其他政党的显著标志,也是我们党不断从胜利走向新的胜利的关键所在。

直面问题是勇气,解决问题是水平。党的十八大以来,以习近平同志为核心的党中央坚持问题导向,抓住关键问题进一步研究思考,着力推动解决我国发展面临的一系列突出矛盾和问题。面对各个领域存在的问题,直接亮剑。从反腐倡廉、从严治党、国家安全、住房保障到环境治理,用共产党人求真务实的科学态度,展现了马克思主义者的坚定信仰和责任担当。

战"疫"也不例外。我们从不避讳也从不掩盖自身存在的问题,相反,我们会针对问题努力解决问题。2月3日,习近平总书记在主持召开的中共中央政治局常务委员会会议上强调:"这次疫情是对我国治理体系和能力的一次大考,我们一定要总结经验、吸取教训。"①

此次疫情暴发被认为与野生动物密切相关,为此,习近平

①《中共中央政治局常务委员会召开会议 研究加强新型冠状病毒感染的肺炎疫情防控工作 中共中央总书记习近平主持会议》,新华网。

总书记提出:"认真评估传染病防治法、野生动物保护法等法律法规的修改完善"①;针对防疫期间地方供应物资持续短缺,习近平总书记指出:"建立集中生产调度机制,统一组织原材料供应、安排定点生产、规范质量标准"②;对于基层防控能力不足等问题,习近平总书记强调:"加强农村、社区等基层防控能力建设,织密织牢第一道防线"③。

"体系""机制""制度"等词语被习近平总书记多次提及。"加快构建国家生物安全法律法规体系""从体制机制上创新和完善重大疫情防控举措""完善重大疫情防控体制机制""完善医保异地即时结算制度""及时总结各地实践经验,形成制度化成果"……通过梳理,不难发现,其中既涉及宏观决策部署,也涵盖微观操作措施。

一句句掷地有声的话语、一项项直指问题的改革举措,回应着群众关切。抓住短板、弥补漏洞,"该坚持的坚持,该完善的完善",我们坚持过往好的经验,吸取新生问题的教训,用实事求是的态度加强制度建设。

危机,正面是短板,反面是机遇。正视繁荣背后的"不测之忧",找准、摸清影响社会治理体系和治理能力现代化的"灰犀牛""黑天鹅",以历史勇气直面短板,以责任担当研究短板,以政治智慧回答短板,以实干精神解决短板,在化险为夷、转危

---

① ② ③ 习近平:《全面提高依法防控治理能力,健全国家公共卫生应急管理体系》,《求是》,2020 年第 5 期。

为机的"火线经验"中破解社会治理的"木桶效应",是中国抗疫之治,更是中国之智。

直面问题是勇气,也是担当。它就像一颗希望的种子,收获了民众更大的支持。全球最大的独立公关公司爱德曼发布的《2020年爱德曼全球信任度调查报告》指出,中国民众对政府的信任指数高达82%,在所有被调查的国家中位居榜首。这种信任正汇聚成巨大的抗疫合力,推动我国疫情防控常态化稳步发展。

然而硬币的另一面却上演了不同的戏码。尽管世界卫生组织在第一时间就表示,中国的抗疫经验是唯一得到证实的经验,建议各国结合本国实际,借鉴中国经验,时不我待地投入抗疫。但西方一些国家仍云淡风清地认为,这只是一次大流感。

它们不但对中国与世界卫生组织和许多国家及时分享的各种关于疾病的信息掉以轻心,而且对中国抗疫的举措,如"早发现、早诊断、早隔离、早治疗",戴口罩,封城,建设方舱医院等,均不认可。

美国政府更是浪费了中国人民做出巨大牺牲而创造的防控疫情窗口期,致使国内频繁出现抗疫失误。美国《华盛顿邮报》细数各种失误:最初的病毒检测试剂盒存在问题,专家花了近三周才找到解决方法,但检测范围仍然有限;不同机构在疫情来临时陷入内斗;白宫一直淡化疫情威胁,公共卫生官员和专家不得不努力在诚实和透明地履职与适应善变的总统之间寻找"令人不安的平衡",最终陷入了今天这种进退失据的境地。

可悲的是，美国总统和执政精英群体理应对当前局面的发生进行深刻反思，然而他们却联手上演了一出"内外兼顾""全面开花"的"甩锅"闹剧。

"甩锅"不过是美国应对危机的冷饭新炒。2018年以来的贸易战，包括历史上在多次遇到危机的时候，美国都会采取这种"甩锅"的方式。

当然，中国仍然是被"甩锅"的不二选择。从炮制反科学的"武汉病毒""中国病毒"、毫无根据的"信息隐瞒论"、吹毛求疵的"产品质量论"、敲诈勒索的"中国责任论"到黔驴技穷的"数据造假"，"锅"的型号虽然各不相同，但"甩"的力度却急剧飙升。

"甩锅"给中国这种转移视线的操作，使西方文化中根深蒂固的种族主义，特别是种族歧视再次浮上台面。美国福克斯新闻台主持人杰西·沃特斯公开说："中国无法养活民众，他们处于绝望状态，生吃蝙蝠和蛇，这是新冠病毒的起源。"意大利威尼托大区主席卢卡·扎亚也公开表示："中国在疫情中付出巨大代价是因为中国人不注意个人卫生，还活吃老鼠。"

种族主义不会上演这一出"独角戏"，幕后的黑手浮出水面。西式民主优越论被演绎得淋漓尽致。

在中国暴发新冠肺炎疫情后，德国《明镜》周刊发文说："中国人若想消灭这次新型冠状病毒，需要的药方既不是什么西药疫苗，也不是中医草药，而是自由和民主。"法国《费加罗报》也发文称:"在应对新冠病毒的处理方式上,民主制度显示了无可辩驳的优越性。"影响最大的是 2020 年 2 月 18 日英国《经济学人》杂志的重头文章《一种病毒,两种制度》。文章称:"传染疾病在民主国家的致死率总是低于像中国这样的专制国家。"根据1960 年至2020 年对世界各种类型大大小小的传染病致死率的定量分析, 文章作者得出的结论是:"在相同发展阶段的民主国家,传染疾病的致死率是百万分之四,而在专制国家是百万分之六。而当一个国家的人均 GDP 超过 1 万美元之后,也就是今天中国的水平,民主国家的死亡率会急速降低,死亡率每一百万人低于 0.01 个人,而在专制国家,甚至出现过每百万人中有大约六百人死亡。"

然而事实却狠狠地打了脸。今天,西方所谓"民主国家"作为一个整体,不论在确诊数、死亡率还是死亡人数上,都早已超过了中国,可谓"一骑绝尘"。

其实,"甩锅" 无非是美国对中国崛起恐惧的另一种真实表达。新冠病毒是不留任何情面的,在肆虐的病毒面前,所有一切会瞬间被打回原形。美版"知乎"(Quora)上有人提问:"谁应该为美国疫情现状负责,中国还是美国?"一位美国网友表示:"我觉得这是显而易见的事情,美国政府应当为自己负责,忙着找别人问题对于抗击疫情丝毫没有帮助。"即便美国网友有清晰的认识,美国政府仍然固守着"最后的倔强"。

世界卫生组织也没能逃脱被"锅"砸中的厄运。特朗普批评

世界卫生组织 "对危机反应迟缓"，并暂停向该组织缴纳会费……总之，"我是对的，永远都是对的"。

"甩锅"国外轻车熟路，"甩锅"国内对手也尽在把握。比病毒更可怕的是民众对未来的绝望。疫情面前，"驴象之争"呈现给民众新的"剧本"。

在美国，新冠病毒的威胁已成为一个政治问题。民主党人质疑特朗普的决策和能力，特朗普则指责民主党人为获得政治利益而散播恐惧。这种氛围甚至令美国民众对新冠病毒危险性的认识也以党派划分。

英国路透社和益索普的一项最新调查显示，10 个民主党人中有 4 人认为新冠病毒是紧迫威胁，10 个共和党人中只有 2 人持此观点。美国一直在"权衡"，盘算少死点人和保经济哪个更好。更有甚者，当权者在盘算取哪一头才最有利于他们在将要举行的大选中获胜。疫情成为他们互相伤害的"筹码"，而民众的安危则无关紧要。他们所标榜的生命至上早已被这些民主人士抛之脑后。

美国《政治报》4 月 24 日发表题为"共和党备忘录敦促就新冠病毒进行反华攻击"的报道称，美国共和党参议员全国委员会向该党竞选团队发送了一份长达 57 页的详细备忘录，建议共和党候选人在涉及新冠病毒危机的问题时积极攻击中国。备忘录包括各种建议，从如何将民主党候选人与中国政府捆绑在一起到如何应对种族主义指控等。备忘录强调了攻击的 3 条主线：病毒的传播是由于中国的"掩盖"造成的；民主党人"对中国软弱"；因中国在这场大流行病的传播中所扮演的角色，共和党人将"推动制裁中国"。共和党人已经表示，他们计划让中国成为 2020 年竞选活动的中心话题。

有人仍在火上浇油。特朗普的二儿子埃里克在接受福克斯新闻网采访时表示，2020 年 11 月 3 日大选之后，美国的新冠肺炎疫情就会神奇地消失，因为新冠肺炎疫情没什么大不了，只不过是民主党攻击其父亲的手段。

"甩锅"之疾在于有限责任的制度。西方的制度，特别是美国的制度有一个很重要的特征——有限责任的制度。比如，美国早期的大多数殖民地都是一种私权。私权实际是建立一个经营性的法人实体，不是一个共同体。那么导致的结果就是制度，不管是三权分立还是联邦制，它的基本原则是分权。实际上，分权意味着分散责任，所以我们从这次事件中可以看出，在遇到危机的时候，政客们首先想到的是怎么不负责任，如何把这个问题甩出去。

随着新冠肺炎疫情在美国越发严重，美国的州长和市长们更加不顾一切地请求联邦政府提供抗击新冠病毒的帮助。然而特朗普却认为各州抗疫是自己的事情，不能全部交给联邦政府去解决。缺乏协调的联邦政府行动给各州和城市造成了混乱，甚至使各地陷入了对资源的争抢中。不仅如此，特朗普与纽约州州长科莫围绕抗疫物资紧缺、总统权力范围等议题不停地打

"口水战",试图推卸责任,将抗疫不力的问题转嫁给各州。

以最快的速度控制住疫情,减少死亡,从来没有成为美国抗疫真正的首要宗旨,美国一直在联邦政府与州政府之间扯皮,联邦高官和州一级领导人,还有重量级议员都在琢磨怎样提高自己的出镜率。他们可以很粗鲁地结束记者会,可以颐指气使,但疫情不会妥协,民众不会因此减少对疫情的恐惧。

因为制度无力回春,疫情仍在蔓延,抗疫仍在继续。唯其艰难,才更显勇毅;唯其笃行,才弥足珍贵。直面问题的勇气和担当让我们勇敢地站出来宣布:"中国新冠疫苗研发完成并投入使用后,将作为全球公共产品,为实现疫苗在发展中国家的可及性和可担负性做出中国贡献。"①而有的人,只能不顾一切霸道地说一句:"疫苗优先供应美国。"

就让美国媒体为这样的局面画上句号吧。美媒彭博社评论说,中国领导人对世界的承诺,包括全面支持世界卫生组织,展示出维护国际秩序的形象。这与美国特朗普政府要求疫苗优先供应本国、"断供"世界卫生组织的做法形成"鲜明对比"。

事实胜于雄辩,真理要在实践的检验中证实,谁是谁非,就交给实际行动来证明吧!

---

① 习近平:《团结合作战胜疫情,共同构建人类卫生健康共同体——在第 73 届世界卫生大会视频会议开幕式上的致辞》,中国共产党新闻网。

22

严守疫情防控的"第一道防线"

这是一场没有硝烟的战争。

习近平总书记指出:"抗击疫情有两个阵地,一个是医院救死扶伤阵地,一个是社区防控阵地。坚持不懈做好疫情防控工作关键靠社区"①,并强调"社区是疫情联防联控的第一线,也是外防输入、内防扩散最有效的防线。把社区这道防线守住,就能有效切断疫情扩散蔓延的渠道"②。

作为疫情防控的第一线,社区在外防输入、内防扩散方面任务繁杂艰巨,从值班门口出入登记、体温测量到入户排查、宣传防控、日常消杀,看着工作琐碎,实则十分重要。肩负起这些重要任务的正是众多普通社区工作者。战"疫"中,400万名社

① 《坚持不懈做好疫情防控工作关键靠社区》,《人民日报》(海外版),2020年3月26日。
② 《以更坚定的信心更顽强的意志更果断的措施 坚决打赢疫情防控的人民战争总体战阻击战》,《人民日报》,2020年2月11日。

区工作者奋战在全国 65 万个城乡社区中，监测疫情、测量体温、排查人员、站岗值守、宣传政策、防疫消杀，认真细致，尽职尽责，守好疫情防控"第一关口"，他们心手相连织就了一张张严密的社区防控安全网。

做社区防疫战线的宣传员

疫情暴发初期，正值万家灯火、一年中最热闹的春节，但街上却空无一人，传统习俗"拜年"也被大家拒之门外，这种大"疫"灭亲、临危不"聚"、"罩"夕相处的新型社交方式成为国人的普遍共识。这一方面得益于居民积极响应国家号召，另一方面与社区居委会积极做居民的思想工作，为居民鞍前马后、排忧解难紧密相关。

面对社区管理中出现的一些不服从现象，社区干部大胆创新，创造出一系列硬核抗疫的宣传语，在网络上引起人们的广泛关注。天津蓟州区某村口大喇叭喊话村民："你不要以为你上人家去，人家就很欢迎你，你别太自信了！"河南某地村长用家乡方言广播："别看这种战争没有硝烟，但是也要命啊！如果你还乱跑，你不是自杀，就是去杀人！"山东某地村支书用方言对着喇叭喊话："咱村有的人，就是不自觉！出门戴口罩能害你吗？"……

在天津宝坻区宝平街道的七十多个小区门前，工作人员都放置了一台广场舞级别的音响，里面循环播放着疫情最新动态、防疫知识和居民需要配合的防疫规定。这是宝平街道党工委宣传委员朱金杰的主意。在宝坻疫情最危急的情势下，他冲在一线安抚居民情绪，将防疫隔离观察工作落实抓细。

疫情早期他在社区宣传时发现，"明白纸"提示内容有限，传播速度慢，于是他申请从天津市区找来了80台移动设备，放在小区设立临时广播站。

随着新冠肺炎疫情的发展，宝坻区的防疫工作成了持久战，在正月十五前后，街边的不少商铺虽未开业，但电子广告牌亮了起来。当时，宝坻区的新增病例还未归零。"如果居民看到这些广告，也许就认为政策已经放松了，会频繁出来，那之前的工作不就白做了吗？疫情风险会不会加大？"朱金杰担心了起来。

在多部门的商讨配合下，宝平街道决定所有的商铺电子屏播放同样的内容，集中播放防疫宣传信息。当时大部分商铺业主都不在商铺驻店，要想将所有广告牌组织起来并不容易，朱金杰和社区同事们一起，逐个联系商铺业主协调解决难题。

相比冷冰冰的宣传标语，这种方式不仅在紧张的气氛下缓解了人们的恐慌心理，同时也切实起到了规范人们居家隔离的作用，让居民在轻松的氛围下意识到居家隔离的重要性和严肃性。

防控有温情，服务有温度

隔离病毒，不隔离爱。

社区是社会的神经末梢，面对的是千家万户、千头万绪。身处联防联控前沿的社区工作者心中有数、手中有招，在开展疫情防控各项工作的同时，全力保障居民日常生活，以充满人情味的管理和服务传递暖意与善意，在社区大家庭汇聚起希望。

在宜城公寓，王靖是社区工作者们的主心骨，是居民们凡事都会想起来的贴心人。

2020年春节假期，面对来势汹汹的疫情，王靖把"年夜饭""回娘家"通通抛在脑后，第一时间到岗到位，坚守在疫情防控第一线。

王靖甘当采买员、快递员，为隔离住户和独居老人送餐送药，把关怀和爱心送到外地返津人员和社区老年人家中，把爱传递给社区的每一名居民。

社区有一家四口居家隔离，王靖嘱咐网格员每天与他们通电话或进行微信沟通，询问身体和生活情况，在得知他们家中食物不够时，她立即组织工作人员帮助购买新鲜蔬菜，第一时间送至居民家门口。高层小区有一位刚做完手术的老人，行动不便，要到医院开专门药品，得知这一情况，她和网格员在做好自身防护的同时，第一时间帮助老人把药取回。

在全国，几百万像王靖这样的社区工作者用爱心提升了社区工作的温度,保障居民生活的同时,也把党的政策以"润物细无声"的方式送进了千家万户。

"疫情不散,我们不退"

习近平总书记说:"这一次疫情,考验我们基层的治理体系、治理能力水平。进一步凸显我们的街道、社区、乡镇、村基层组织的作用。"①

社区防控,以网格化为基础,守住门,突出"严"。网格化服务管理的先进经验与创新做法始于北京市东城区,后在全国范围内得以推广,其在疫情防控过程中发挥了重要作用。特别是网格员努力克服人手不足、工作压力与强度较大、口罩等防疫物资在疫情暴发早期较为匮乏等困难,采取了"五加二""白加黑"的工作模式,义无反顾地担起重任,帮助社区人民砌起了一道牢固的健康之墙。它打通了基层治理的"最后一公里",将被动应对变为主动发现问题,为防疫抢得了宝贵的先机。

社区网格员是疫情防控的主力军。

在武汉,3300多个社区、村湾实行封闭管理,1.2万名网格员承担起疫情统计、代购搬运等各项职责;在湖北,全省累计排查核查1315万余人次,累计追踪密切接触者27.4万余人,转运收治确诊患者、疑似患者、发热患者、密切接触者等"四类

---

① 习近平:《疫情考验基层治理体系治理能力》,央广网。

人员"8.2万余人次;在全国,400多万名城乡社区工作者严防死守,不断织密65万个城乡社区防控网,亿万人民主动配合,连接起坚不可摧的战"疫"长城。

没有人天生就是英雄,他们只不过比普通人多迈出了一步。

社区楼栋里到处都是网格员们忙碌的身影……他们充分发挥基层、基础、基石的作用,既做信息核查员、政策宣传员,又做矛盾调解员、群众服务员,筑牢疫情社区防控的"第一道防线",为守严守牢疫情联防联控、群防群控的社区防线提供有力保障。

作为社区党员群众的带头人,多年来王靖扎根基层,从年龄最小的社区工作团队中的一分子,成长为敢闯敢拼的一把手。增强的是对居民的感情,不变的是工作的韧劲和为民服务的情怀。

14号楼的刘阿姨因外置独立下水管道位置问题与邻居产生矛盾,经常晚上给她打电话,王靖总是像家人一样耐心倾听。她带领调解团队多次调解,最终解决了问题。育学里居民小王常向居委会反映自家矛盾、邻里纠纷,她上门了解,一一给予回复解决,一次次的春风化雨,赢得了小王的认可。疫情期间,小王特意发来感谢信息:"刚才将近晚上九点回家,看见这么冷的天,居委会书记王阿姨带领团队还在小区大门口站岗,向王姨和您的队员们致敬,谢谢你们!"

群众的认可字字真金,让"工作时不爱抒情"的王靖红了眼眶。

"今天回到家已是晚上九点多，疲惫的是身体，但内心充实，回想着防控疫情的每一天，都有着不同的感受和感动……我是书记我要挺在前！"这段话来自王靖的工作日志。就像一首歌中唱的："心脏长出藤蔓/愿为险而战/不要神的光环/只要你的平凡……此心此生无憾/生命的火已点燃。"正是这股顽强的力量和奉献精神，指引着每位社区工作者大步向前、挺立一线，为每一个回家的人守护回家的路。"疫情不散，我们不退！"

这些人是平凡的，他们的岗位是平凡的，他们的话语是平凡的，但他们并不平常，这些坚守在防控疫情一线的社区工作者，以责任之心贡献着自己的力量，无怨无悔。正是这些社区的守护者，在突如其来的疫情面前保卫着每个社区的平安！

23

武汉日记由人民书写

2020 年伊始，灾难性的新冠肺炎疫情率先在中国武汉暴发，这座英雄城市经历了长达 76 天的"封城"，一千多万武汉人民移动轨迹暂停。全体中国人民众志成城，与病毒展开了一场惊天动地的大决战，为全球疫情防控赢得了时间，积累了经验。如果说这场战争需要一部"日记"，那么它的书写者不应当是别有用心的外国记者，也不应当是闭门造车的所谓"公知"，而应当是可敬的武汉人民、伟大的中国人民！

2020 年 1 月 18 日，李兰娟院士出发前往武汉时曾跟浙江省卫生健康委张平主任通过电话，请他"守牢"浙江，防止出现第二代病人。但 1 月 22 日深夜，张平主任便反馈有大量的人员从武汉返回浙江，不仅引起了第二代感染，还引发了聚集性疫情。结束通话后，李兰娟院士立即向上级汇报："基于疫情状况，武汉必须马上封城，否则后果不堪设想。而且，封城的时间绝不要拖到 1 月 24 日大年三十, 否则疫情会更大规模地向全国播散。"

1 月 23 日上午 10 点, 武汉被按下了"暂停键", 这是党中央、国务院做出的英明决策, 也是武汉市内一千多万人民的伟大牺牲。武汉封城日记就此起笔, 接下来便是一连串的问题: 作为一个千万人口的大城市, 封闭之后, 武汉的医疗资源能不能支援得上? 春节期间, 武汉市民鸡鸭鱼蛋能不能供应得上? 封城限行, 市民自行居家, 生活需求如何保障?

医疗救助资源的确紧张, 但一方有难, 八方支援。从除夕之夜第一批医疗队到达武汉算起, 全国有 346 支医疗队、4.26 万医护人员先后抵达武汉和湖北, 与当地的医护人员一起并肩作战, 全力开展医疗救治工作。一张张按满红手印的请战书, 一张张被汗水雾气浸透的脸庞……他们用生命与病毒决一死战。今天, 这些真正的白衣战士有的已经成为"烈士", 但他们英勇无畏的精神与事迹却跃然纸上, 为武汉战"疫"留下了最浓墨重彩的一笔。

医护人员有了, 但医院床位、医疗设备、试剂药品、防护设备等疫情防控物资仍旧短缺。消息一出, 社会各界积极响应。十天平地起高楼, 火神山、雷神山、方舱医院的建设速度令世界惊叹, 无数建设者日夜奋战, 无数网友"云"监工、"云"鼓劲。无数企业开足马力, "应疫情所需, 急国家所急, 国家需要什么, 我们就生产什么", 不能到前线作战, 也要为疫情防控前线提供"武器"和"盾牌"。

前方战事胶着，后方物资充足。起初，部分离汉通道关闭的消息一传开，武汉极个别地方也出现了肉油蛋蔬价格上涨的情况。全国多省迅速行动、鼎力相助，"最好的蔬菜运武汉"，"肉油蛋蔬随时进城，请武汉市民不必担心"。武汉全市 300 多个"春供"供应网点对市场进行有序投放，确保春节期间生活必需品不断档、不脱销，电商平台也纷纷表示春节期间不打烊，为武汉市民提供送货到家服务。封一座城，是为了护一国人；这一国人，也必定要护这座城。

可物资有了，仍旧需要有人运送。封城后，车不能通行，人不能随意出入，药店、超市不对个人开放，居民生活所需全部由社区代购，网格员成了一道亮丽的风景。在武汉，300~500 户或常住人口 1000 人左右标准的规范城市社区网格都按照"一格一员"标准配备了网格员，他们的日常工作是帮助解决本网格居民的民政诉求，疫情发生后便担任了社区居民的生活管家，里里外外的事情均由他们打理。除了这些网格员，还有社区志愿者、基层党员、警员、快递员……顶住被传染的压力，默然无声地书写着这个寂静城市的繁华，这种繁华不是别的，正是中国人民舍小我顾大家的责任担当。

武汉日记是这样一个个激动人心的画面、温暖人心的故事，也是一首首抚慰人心的旋律。封城 3 天后，几乎每一个武汉人的手机上都出现了这样一条信息："在家隔离的武汉人今晚组织一个大型活动,晚上8点组织唱国歌,到时候大家打开阳台窗户唱就可以了,晚8点不唱不散。"如何解读这种行为?一是乐观。当我们谈到大型活动的时候,往往不是演唱会就是开幕式,而上千万自我隔离的武汉人民引吭高歌,实际是困境之中难得的自娱自乐精神。悲观的人哪里会唱歌?二是爱国。武汉人民当晚唱了两支歌,第一支是国歌《义勇军进行曲》,这是每一个中国人都熟悉的旋律,只要这个旋律响起,所有的中国人民便都是一个人,那就是"中国人"。第二支是《我和我的祖国》,武汉人民选择把自己与整个国家隔离,自断与外界的交流,正是为了让更多的地方有更少的感染,正是为了"我和我的祖国"。正如谭德塞在评价中国的防控措施时所言:"我一生中从未见过这样的动员。"他认为中国采取的很多防控措施远远超出应对突发事件的相关要求,为各国防疫工作设立了新标杆,而这离不开中国共产党、中国政府、中国人民的上下齐心,通力合作。

一百多年前,马克思就曾经指出,人民群众是历史的创造者。新冠肺炎疫情暴发后,习近平总书记强调:"紧紧依靠人民群众,坚决打赢疫情防控阻击战。"①武汉日记理应由人民书写,也只能由人民书写。首先,人民是战"疫"的亲历者。面对突如其来的疫情,全国人民与身处疫情中心的武汉人民共同经历着这

---

① 习近平:《紧紧依靠人民群众坚决打赢疫情防控阻击战》,新华网。

场灾难，不是隔岸观火，而是身处其中。从疫情的出现到蔓延，再到有效控制，人民是这段历史切实的亲历者。其次，人民是战"疫"的见证者。在媒体社会迅猛发展的时代，人民群众与社会重大事件的互动关联愈发紧密，从疫情产生到结束的整个过程中，人民作为见证者，留下了丰富、真实的记录。最后，人民是战"疫"的贡献者。自疫情发生以来，人民群众倾囊相助、捐资捐物，积极响应党中央的号召，克服困难，居家防疫。全体中国人民对党和政府号召的坚决响应与支持，形成了当今社会发展的集体记忆。"历史是人民书写的，一切成就归功于人民"，只有人民书写的武汉日记，才能真正为世界所信服，被历史所铭记！

24

宅在家里做贡献

  "终于有机会可以待在家里就为国家做贡献了。"一句刷爆社交网络平台的玩笑话，道出了 2020 年在新冠肺炎疫情影响下中国大多数民众的状态，这其实也彰显出了中国人民识大体、顾大局，不计小我、成就大我的奉献精神。

  岁末年初，新冠肺炎疫情突袭大江南北，这场疫情暴发于"九省通衢"的湖北武汉，扩散在人流规模最大的春节假期，成为新中国成立以来在我国发生的传播速度最快、感染范围最广、防控难度最大的一次重大突发公共卫生事件。疫情暴发后，中国共产党迅速发出了"生命重于泰山！疫情就是命令！防控就是责任！"的抗疫宣言，亿万中国同胞积极响应号召，闭门不出、自觉隔离，多个城市按下"暂停键"，全国戒备，百城空巷，一场无声的战役全面展开……如同"网红"医生张文宏所说："现在开始每个人都是'战士'，你在家里不是隔离，是在战斗啊！你觉得很闷吗？病毒也要被你'闷死'了……我们必须依靠'闷'的政策，来'闷'住病毒。'闷'住病毒，就是为社会做贡献，我们离战胜疫情的节点就更近一步。"

那么宅在家里、闷在家里，该做些什么呢？听听中国人民的回答：

2020 我的春节计划：初一一动不动；初二按兵不动；初三纹丝不动；初四岿然不动；初五依然不动；初六原地不动；初七继续不动；几时能动？钟南山说动才动！

隆重推出 2020 年春节最佳旅游线路：客厅厨房卧室卫生间循环游自由行，每天睡到自然醒！无自费，无购物点，有游乐场！三餐自理！

一袋香瓜子，一共 1854 颗，26 颗空的，混进来 9 颗带虫的，有 6 颗没炒开，是连在一起的，还有 4 颗是苦的，中间喝了 9 杯水。接下来，我要给每一根头发起个名字。

看来全民宅家都在研究烘焙、做菜，我的店铺最近酵母的销量增涨了 40 倍。

有人打开窗子隔空聊天，有人打开手机"云"喝酒、"云"相聚……这些令人忍俊不禁的花式宅家姿势，细细品来包含着满满的暖意与乐观积极的态度。事实上，宅在家的日子确实枯燥，热爱广场舞的大爷大妈被禁足室内，正值热恋期的少男少女也都被迫展开网恋，甚至平日里上街买菜这样的小事也成了难事；宅在家也并非没有代价，复工推迟使得不少企业主和员工感到资金紧张，大家在经济上多少都有些损失。但正是因为始终把个人的生命体验与家国命运紧密相连，同声相应、同气相求、同命相依，中国人民才会苦中作乐、笑对磨难，宁可牺牲小我的利益，也要维护国家抗疫的大局。习近平总书记指出，中国人民是具有伟大创造精神的人民、具有伟大奋斗精神的人民、具有伟大团结精神的人民、具有伟大梦想精神的人民，①这些伟大的民族精神在疫情防控阻击战中得到了淋漓尽致的体现。

放眼世界，尽管中国人民为世界各国赢得了抗击疫情的宝贵时间和经验，但美国等西方国家面对疫情，却依然陷入了制度失灵、管理失效、社会失序、物资匮乏、感染人数激增的混乱局面。应当说，各国人民的不同反应，是各国抗疫成果悬殊的重要原因。

在疫情重压之下，很多美国人认为政府的居家令侵犯了自

①《习近平：中国人民具有伟大创造精神、伟大奋斗精神、伟大团结精神、伟大梦想精神》，新华网。

己的人权与利益，纷纷走上街头，变抗疫为抗议，并且吵着要"炒掉"美国顶尖的传染病学专家、被称为美国"抗疫队长"的福奇，丝毫不顾及聚众游行对自己与他人的身体健康所带来的威胁。究其根本，无外乎是盛行于整个社会的资本逻辑驱使着人们时刻都想回到工作岗位。而随着居家令时间的几次延长，民众心态也愈发暴躁，除了抢购食物、卫生纸等生活必需品外，美国民众还疯狂购入枪支、弹药和防弹衣等商品。

在欧洲的疫情"红区"意大利，当政府准备全面学习中国防疫经验、效仿中国封城举措时，不料封城抗疫的做法引发了民众恐慌，大批民众纷纷"逃跑"。意大利沃镇还爆发了游行，居民在毫无防护措施的情况下涌上街头，聚集在广场上高举"还我们自由"的标语，以此来表达对封闭管理的不满。拒绝戴口罩、拒绝隔离、拒绝封闭管理，无所谓国家安全、他人健康，只要个人自由。

同样的，严峻的疫情没能阻挡法国人民反对政府的大规模示威游行的脚步，3月初，人群大规模集聚在巴黎等全法多个城市，反对法国政府强行通过退休制度改革法案。人们密集拥挤在一条并不宽阔的街道里，绝大多数人没有采取任何防护措施。同一时间，西班牙仍然举行了规模高达10万人的妇女节大游行。匈牙利、捷克等国民众开始哄抢枪支，越来越多的人不再寄希望于凝心聚力共同抗疫，而是试图不断武装自己、保护自己。

　　长期以来,一些西方大国在国内无限制地推行自由主义治理,要求政府最大限度地减少对个人生活的干预,这必然使"个体先于集体"的个人主义价值观占据主流。政府将金钱与利益置于人民之上,人民自然不相信也不配合政府的决定。在这次全球抗疫的大考中,各国人民的力量得到了充分的检验。人民万众一心,抗疫必将成功;人民"放飞自我",抗疫效果堪忧。所谓"人民",应当是由一群为着共同利益、共同目的、共同价值而共同奋斗的人组成的集体。中国人民之所以被称为伟大的人民,正是因为自古以来始终秉持着"你中有我、我中有你"的集体感,并将这种集体感生动地展现在日常的生产生活里,融入到国家的建设发展中,彰显在民族遭遇坎坷的危难时。历史照亮未来,征程未有穷期。我们相信,创造了抗击新冠肺炎疫情伟大奇迹的中国人民,在实现中华民族伟大复兴中国梦的新征程上,也必将书写出更新、更美的时代篇章。

25

新时代最可爱的人

谁是最可爱的人？60 多年前魏巍的一篇文章感动了无数中国人。中国人民志愿军战士在朝鲜战场上浴血奋战,保家卫国的光辉形象从此镌刻在中华民族的历史丰碑上,至今依然亮丽如昔。而今,在席卷全球的抗击新冠肺炎疫情大战中,作战一线的医护人员全力挽救生命, 书写了以生命捍卫生命的奇迹。习近平总书记在湖北省考察新冠肺炎疫情防控工作时,看望慰问一线医务工作者, 郑重地说道:"你们是最大的功臣,党和人民要给你们记头功。"①他们,无愧为新时代最可爱的人。

庚子风寒,祸起冬春。自新冠肺炎疫情暴发以来,4 万余名医务人员义无反顾地走向了最前方, 在这场直面病毒的较量中, 数千名医务人员被感染, 一个个鲜活的生命被永远定格。

---

① 《习近平在湖北省考察新冠肺炎疫情防控工作》,人民网。

可尽管如此，却不曾有一人轻言放弃。他们不是内心不害怕，只是明白责任在肩头，就算前路有风险，也要勇往直前。

"我必须跑得更快，才能跑赢时间，才能从病毒手里抢回更多病人。"武汉金银潭医院院长张定宇如是说。尽管渐冻症已经渐渐侵蚀了他的身体，但面对蔓延的疫情，他丝毫不敢慢下脚步。因为武汉是这次疫情阻击战中众人皆知的标志性地点，是战斗最先打响的地方，也是离炮火最近的地方。在这里，守护生命，需要争分夺秒。"我们是党员，我们坚决请战上一线！"1月24日，大年三十，武汉市江夏区中医医院四十余位医护人员，在《万众一心，遏制疫情，我们可以》的请战书上庄重地签下了自己的姓名，"冲在防治第一线，不惧生死，为人民健康，随时准备牺牲一切。不计报酬，无论生死"。同日，该医院两百多名白衣战士面对党旗庄严宣誓，奔赴临床一线。在这里，守护生命，不得不忘却自我。在武汉市肺科医院，重症加强护理病房主任胡明和他的团队每天都要面对不断涌入的重症病人，但几乎所有的气管插管、纤支镜手术胡明主任都要亲自操作，他将最大的危险留给了自己，"挽救每个重症危重患者的生命，是每个重症大夫永恒的追求"。由于工作强度大，胡明医生每天仅能休息2至3个小时，他的爱人是武汉市肺科医院的护士长，9岁的儿子已半个多月未见到爸爸妈妈。

身前是危害人间的病毒，身旁是深受折磨的病人，身后是血脉相连的亲人，哪怕是在新春佳节本应阖家团聚的日子，医护人员也毅然舍小家、为大家。"愿请战！"不仅是武汉一地医生的宣言,更是全国各地白衣战士内心的呼声。"我没成家,也没照料孩子的负担,大家都在战斗,只有在战场上,我才能安心过好年。""护士长,前线还需要人吗？我虽然不是护士了,但是我可以去打下手, 帮忙运送病人, 我的娃大了, 没什么顾虑的。""妈妈要去医院打'怪兽'了,你在外婆家里乖乖的,等妈妈回来以后就过来接你。"就这样,一支支医疗部队以最快的速度集结到武汉。2月7日晚上,在空荡荡的武汉天河机场,山东大学齐鲁医院医疗队和四川大学华西医院的医疗队相遇,他们互相加油打气的视频瞬间刷爆了中国人的朋友圈。我国医学界"最坚硬的龙鳞"、公认最高水平的医学院"南湘雅,北协和,东齐鲁,西华西"的精锐医疗力量全部驰援湖北,不打赢这场抗疫之战绝不言归,他们的决心、中国的决心,不言而喻。

穿上隔离服,不吃不喝不上厕所,连续工作10到12个小时,是每一名抗疫一线医生和护士的常态。"呼吸也会受影响,时常感觉胸闷呼吸困难,说话明显费力。"每次脱下防护服,他们的全身早已被汗水浸湿,双手也因长时间罩在双层手套里而肿胀发白。他们有的每天要进行150人次以上的穿刺,持续几小时的操作,腰都直不起来。在重症病房,有的姑娘要把沉重的氧气瓶从一楼拖到十九楼,边拖边落泪……有人说她们是勇士, 她们的回答却简单朴素:"这是我们的职业, 我们不上谁上?""疫情袭来,我们就是底线,我们退了,谁来防守?"这样的实干精神、战斗精神、牺牲精神是她们作为医护人员的使命之所在，也是她们作为中华儿女身上最鲜亮的底色。

抗击疫情，不分国界。就在中国的疫情得到初步遏制之时，全球多国陷入至暗时刻。"岂曰无衣，与子同袍"，中国主动伸出援手，医疗专家与医护人员再次"逆行"驰援，奔赴意大利、缅甸、柬埔寨等数十个疫情形势严峻的国家挽救垂危生命、分享抗疫经验。伟大的"中国逆行者"秉持着人类命运共同体的理念，用实际行动为国际抗疫做出了巨大贡献，受到援助国政府和民众的欢迎和真情点赞。

"谁是最可爱的人"，这个问题在不同的时代会有不同的答案。曾经，他们是"拼命也要为国家甩掉贫油帽子"的王进喜，是"把有限的生命，投入到无限的为人民服务之中去"的雷锋，是汶川地震时全力救援的人民子弟兵，是在森林火灾中浴火前行的消防员……如今，最惨烈的战争莫过于新冠肺炎疫情的肆虐。大疫面前，全体中国医护人员做出的努力与牺牲无愧"神圣"二字，他们无愧为新时代最可爱的人。回首中华民族五千年的历史，每一次大灾大难面前，都有无数人民以平凡之躯铸就民族的希望与辉煌。他们拥有共同的精神内核，"苟利国家生死以，岂因祸福避趋之"，中华民族的伟大、中国人民的伟大就展现在这些可爱的人身上。

26

中国人的每一天都在感恩中度过

"投我以木桃,报之以琼瑶",一直都是中华民族的传统美德,也是中国人民内心坚守的理念。在这次抗击新冠肺炎疫情的全国行动乃至全球行动中,中国人民守望相助、心怀感恩的精神气质展露无遗、蔚为大观,每一个平凡的日子都是在感恩中度过的。

2020 年春节期间,新冠肺炎疫情在全国暴发,各地交通管制极为严苛,这时,却有 6 辆满载着新鲜蔬菜的货车穿过层层"屏障"进入武汉,而驾车的正是来自四川省汶川县三江镇龙竹村的村民。2008 年,"5·12"汶川特大地震中受伤的 500 名伤员曾分两批到湖北接受治疗,湖北选择了同济医院、武汉大学人民医院等 11 家全省最好的医院承担救治任务,不但给予伤员精心治疗,还安排有一定护理常识和经验的志愿者对重症伤员进行陪护和心理疏导。新冠肺炎疫情发生后,湖北特别是武汉人民的生活状况牵动着汶川人民的心。2月4日中午,贴着"汶川感恩您,武汉要雄起"标语的6辆货车从汶川三江镇出发,车队途经四川、重庆和湖北三省市近1300千米,顺利抵达武汉,第二天这批蔬菜已顺利分发到当地6家医院。来自汶川的农民话语真诚:"我们只是做一些力所能及的,帮助武汉,就像全国人民曾经帮助我们一样。"

全国物资集结武汉,粮食、蔬菜供应充足,可是却有人"舍不得"吃。在武汉泰康同济医院的隔离病房,医护人员在送饭时就发现有这样一位老奶奶总是吃剩饭, 于是问:"您为什么每天吃剩饭啊?"老人朴实地回答:"虽说这是不掏钱的! 是国家的钱,你叫我都给它倒了,我舍不得倒。我对社会做不了太多的贡献了,我们这次来看病也不花一分钱,我要给国家省点粮食。"医护人员多番劝说:"国家希望您能早日健康,希望您每天都能吃新鲜的饭。"老奶奶最后才答应。"一点粮食",对今天的年轻人来说也许不值一提,但对于曾经历过饥饿的耄耋老人来说是极为珍贵的东西,老奶奶愿将如此珍贵的粮食留给这个国家更有需要的人,是要将内心满满的感恩与温情传递给更多的人。

温情的传递、爱的传递,实际上贯穿着中国人民抗疫的全过程。当武汉金银潭医院院长张定宇表示该院开展的康复病人恢复期血浆输注治疗试验——"血清疗法"初见成效的第二天,武汉已有康复者积极响应号召,走进献血屋一言不发地挽起了袖子。在网络上,还有大量的治愈者表态愿意捐出自己的血浆救死扶伤。一位"90后"小伙在捐献了400毫升血浆后激动地说:"用生命传递希望,我要做一个懂得感恩的人。"

而回馈希望与感恩的情怀也在疫情期间由中国传向世界。其中,"十倍回赠"的故事就曾冲上微博热搜——中国疫情紧张之时,日本丰川市曾向中国无锡支援4500只口罩,而随着日本疫情趋紧,丰川口罩库存不足,无锡回赠5万只口罩,助其渡过难关。类似的故事还有:中国疫情严峻之时,意大利政府顶住压力捐赠了4万只口罩,如今意大利疫情肆虐,中国回赠口罩数百万只。此外,中国还派多支医疗队,带着数十吨抗疫物资赴意支援……一批批口罩、防护服、呼吸机跨越山海,奔向拯救生命的目的地;一些企业、机构和个人,以不同方式各显神通;海外的中国人也自发行动,不少华人给所在社区挨家挨户送口罩。"中国式感恩"体现了跨越千山万水的无疆大爱,体现了疫情面前命运与共的大国担当。

疫病无情,人有情。2020年,无数鲜活的生命永远定格。英烈为家国舍生忘死,逝世同胞亦盼山河无恙。这一年的清明节,全国哀悼,十时起中国人民默哀三分钟,防空警报鸣响,汽车、火车、舰船同时鸣笛,这一刻,全体中国人心中的念头是一致的:"感恩救助、致敬生命、缅怀英雄。"没有一个冬天不会离去,没有一个春天不会到来。通过全国人民众志成城的坚守与奋斗,我国的疫情防控取得了阶段性胜利。当各援鄂医疗队分批撤离湖北时,湖北人民阳台相送、街头鞠躬,人民警察列队敬礼、鸣笛开道,以最高礼遇送别英雄;飞机落地后各地机场又以民航界最高礼遇"过水门"方式,迎接援鄂英雄凯旋。灾难时刻的一个个温情画面,给世人留下了不可磨灭的印象。

作为一个历史悠久的文明古国,中国虽然没有一个严格意义上专门用以"感恩"的节日,但中国文化中对于感恩的理解与推崇却成为一代代中国人宝贵的精神财富。习近平总书记曾经强调:"面对美好岁月,要有饮水思源、懂得回报的感恩之心,感恩党和国家,感恩社会和人民。"①是啊,哪有什么岁月静好,从来都是因为有人在负重前行。历经了这一场疫情的洗礼,相信感恩与爱的萌芽将会在每一个中国人的内心蓬勃地生长。

---

① 习近平:《在纪念五四运动100周年大会上的讲话》,新华网。

27

新时代的中国青年可堪大任

2020 年 3 月 15 日,习近平总书记给北京大学援鄂医疗队全体"90 后"党员回信。在信中,总书记称赞广大青年在疫情防控斗争中"彰显了青春的蓬勃力量,交出了合格答卷",深情称赞"新时代的中国青年是好样的,是堪当大任的",鼓舞和激励他们"不惧风雨、勇挑重担,让青春在党和人民最需要的地方绽放绚丽之花"。①

青年,是"早晨八九点钟的太阳",也是奔涌着的"后浪"。青年一代有理想、有本领、有担当,国家就有前途,民族就有希望。在这次抗击疫情的斗争中,以"90 后"为代表的青年一代挺身而出,4.26 万名驰援湖北的医护人员中,就有 1.2 万多名是"90 后",其中相当一部分还是"95 后"甚至"00 后"。有人说他

---

① 《习近平给北京大学援鄂医疗队全体"90 后"党员的回信》,新华网。

们是天使，国家援鄂医疗队的老将袁晓宁却说："哪有什么天使，不过是一群孩子学着大人的样子披挂上阵和死神抢人罢了。""主任，有需求叫我，我可以加班，不过别告诉我妈妈，省得她担心。"小姑娘柔弱的声音中透露着一种坚定与顽强。有多少"孩子"就这样瞒着家人奋战在抗击新冠肺炎疫情的最前线，在家里，他们可能还是爱挑食、爱游戏的宝贝；但大疫袭来，他们展现出了惊人的责任与担当。"过去你们保护我，现在让我保护你们"，他们不是不恐惧，不是没有眼泪，但他们不是哭着上战场，而是笑着去战斗。

在武汉抗疫一线，除了年轻的医护人员，还有一群默默无闻的"90后"科研工作者，他们奋战在实验室，与科研仪器、病毒样本为伴，从事临床救治探索、药物疫苗研发、检测技术和产品开发、病毒病原学和流行病学等研究，用青春的激情和智慧与疫病战斗，成为抗疫科研攻关的重要力量。从 2020 年 1 月下旬开始，武汉大学药学院、武汉大学人民医院、臻熙医学公司有关专家联手开展科研攻关，研发一项更加精准、灵敏的新冠病毒检测技术。春节期间，人手不足，公司号召员工返岗，不到 25 岁的辜家爽立即报了名。2 月初，他便投身于这项技术的科研攻关，"我们都是年轻人，关键时刻应该冲上去"。为了尽快取得突破，几位年轻同志穿着防护服，连续很长一段时间都工作到凌晨两三点。如今，这项技术已经顺利地应用到武汉各大医院检验科的病毒核酸检测中。

在广大社区工作者、公安干警、基层干部、下沉干部、志愿者及方方面面的抗疫一线工作者中，也有很多"90后"的身影。党有号召，团有行动，疫情当前，青年先行。学校中品学兼优、朝气蓬勃的大学生变身为自告奋勇的抗疫战士，悉心做好社区服务工作，耐心讲解防疫抗疫知识。中国工程院院士、天津中医药大学校长张伯礼在讲述自己在武汉抗疫期间的所见所闻时说："'90后'是让人放心的一代，可托付的一代。"他说一名滞留武汉的大学生志愿者让他至今难忘，"她过年没有回家，疫情发生后成了一名志愿者，帮急需药品的小区居民买药。有人需要药时，她记在自己的本本上。有的药不好买，需要跑十几家药店，还要买最便宜的，送给居民时，她会很用心地写一张纸条说明药怎么吃。"除了这名大学生，还有奋战在方舱医院的年轻医务工作者也都让他难以忘怀，这群年轻人在火线上激扬青春力量，以行动书写青春篇章，书写国家希望。

以往，的确有不少人质疑中国新一代的年轻人是"垮掉的一代"，是父辈口中的"小皇帝"，"他们中的不少人，头发染得五颜六色，背着名牌包，穿着高档运动鞋，与其他国家的同龄人相比，中国的年轻人似乎看上去更富有、生活更奢华、更喜欢享乐"。但此次疫情让整个世界看到了中国青年的"另一面"，当国家和人民面临巨大的挑战时，这些娇生惯养的"小皇帝"们，脱去亮丽的衣服，扔下昂贵的皮包，毫不迟疑地投入战斗，展现出傲人的勇气。这种勇气是人性之光，更是对"中国精神"的传承。其实当代中国青年的所谓"改变"并不突然,而是必然,他们是中华儿女,中华民族历史上伟大的英雄、先辈的品质就根植在他们的灵魂深处,他们在不断成长的过程中焕发出了新时代中国年轻人的荣光。

马克思指出:"一个时代的精神是青年代表的精神,一个时代的性格是青春代表的性格。"新时代有新使命,新使命要求有担当时代大任的宽肩膀、铁肩膀。艰辛与磨砺是成长最好的营养剂和催化剂,也是最好的磨刀石和试金石。在这场突如其来的疫情大考中,广大的中国青年经受了严格的思想淬炼、政治历练、实践锻炼,锤炼了勇于担当的宽肩膀、充分展现了能够负重的铁肩膀。日后,他们也必将担当起实现中华民族伟大复兴的历史重任。

28

伟大出自平凡

　　"伟大出自平凡，英雄来自人民。"2020 年 4 月 30 日，在习近平总书记给郑州圆方集团全体职工的回信中，这句话简洁有力、充满哲思、动人心弦、激发斗志。

　　这世上哪有什么英雄？都是挺身而出的普通人，他们虽平凡却做着不平凡的事。如果不是这场灾难，我们很难知道，平淡无奇的人群中，原来藏着这么多闪亮的灵魂。他们来自社会各个阶层的各行各业，他们特别普通，特别朴实，但也特别了不起！

"秦师傅，你的菜，不但营养，而且暖心。"

　　大年初三下午，武汉卓尔万豪酒店，在寒风中来了一个农民。他开着一辆农用三轮车，车上装了 24 箱蔬菜。他说："听说医疗队住在这里，我送些新鲜的菜来。"原来在武汉卓尔万豪酒店里，住着北京、上海的医疗队，近 400 名医护人员住在这里。因为武汉封城物资紧缺，他担心医疗队吃不上新鲜的菜。他骑着农用三轮车走了 40 千米，由于不会用导航，他一路问路才找到酒店，这个质朴的农民，脸和手都被风吹得通红。但他很开心，他告诉酒店的人："这是最新鲜的！我只有这么多了。"他坚持不要钱。在场的所有工作人员都大受感动。其实，武汉封城后，本地菜农的菜本来能卖得很好……让我们记住他——秦师傅——45 岁，武汉的一位菜农。

"我会永远记得我是中国人，但你们不用记得我。"

南京，公安检查站。有一个戴口罩的男人，从一辆停在路边的白色轿车下来，他一边从车上搬箱子，一边对民警说："拿点东西给你们！我从土耳其背回来的。"民警一看，是一大箱口罩，赶紧问他："您贵姓？"男人回："叫中国人就行了！"

"因为这一刻，我看到我们在一起。"

一辆武汉物资运输车经过收费站。工作人员把卡给了司机师傅，起身敬礼："您辛苦了，武汉加油，中国加油！"站在路边的交警，递过去一大瓶水："师傅，拿点水，路上喝。"这平凡的一瞬间，没有惊天动地的豪言壮语，可就是这样普通的一幕，却让人泪目。

"因为你的心里，装着别人。"

因为武汉封城，所以绝大部分餐馆都关门了，这就导致医护人员吃饭成了难题。而有一家很小很小的饭店，一直在忙活。他们每天要做将近1000份盒饭，专门供给金银潭等医院的医护人员。一份盒饭里，有胡萝卜炖牛腩、土豆炖五花肉、一种青菜，再配上一个鸡蛋或半根玉米，料很足，但只卖16块钱。以当下的物价，店主小姐姐是在赔钱干的。因为要供应的饭菜太多，她一人忙不过来，就叫来父母兄妹齐上阵，一家人每天从早忙到晚，两只手当四只手用。店主小姐姐更是每天只睡四小时。别人问她为啥要干。她说不出来，挠着头想半天，说："我看到医护人员的朋友圈，很受不了，我想做这个事儿。"

"没有人规定英雄要一直当英雄，但你选择了火热和赤诚。"

2020年1月24日，除夕夜，在这个本该举家团圆的日子里，河南沈丘42岁的村支书王国辉载着5吨蔬菜，只身赶往火神山医院工地，免费送菜。他曾在武汉服役17年，在部队主管后勤。所以疫情到来后，他最先想到的就是：吃的怎么办？于是，大年三十早上5点，他起床，拍门叫醒本村村民，让他们起来收菜。20多口人应声而来，忙活了半天。5000多斤青菜、4100斤冬瓜……最后整整装了5吨蔬菜。王国辉马不停蹄开车上路，年三十晚上8点，就把菜送到了武汉。他是武汉老兵，他说："1998 年抗洪,我在一线。2008 年冰灾,我在一线。这次疫情,我理所当然也该去。"

"感觉全世界的口罩和防护服都被华人买光了。"

在尼泊尔旅行的陈雪燕,听到武汉疫情的消息,得知老家口罩紧缺,她立刻跑遍附近药店,买了 5800 只口罩。太多了,不好拿。她扔了自己的一些衣服和洗漱用品,腾空行李箱来装口罩。最后,她带着满满 4 大箱口罩回了国,免费送给医护人员和需要的人。她说:"我知道疫情来了,医疗物资真的比我的随身物品重要太多了!"

"关键时刻,他们捧出了一颗红心!"

大年初五,河南洛阳一家家具厂,接到了一笔 20 万元的医疗柜订单。老板袁先生定睛一看,原来是武汉火神山医院要用的。他立刻接单并回复:"不用买,我们免费捐赠!"由于自家储备不足,袁先生把这个消息发到了当地家具协会的群里。协会的人看到消息后,竞相捐赠。14 家企业连夜加班,一夜之间就凑齐了订单。医疗柜装车完毕,物流公司得知货物是支援武汉火神山医院后,立刻提出免费运送,保证当天晚上送达! 这些小微企业主,平时本本分分做着小本生意,最不显山露水。但关键时刻,他们捧出了一颗红心!

"你心有大义，一定会有一个光明未来。"

一位来自湖南常德的"90后"小伙郝进捐了1.8万只口罩。口罩来源我们都想不到。2019年，他曾在一家口罩厂打工，后来工厂效益不好，他辞了职。厂里没钱，就给了价值两万元的口罩抵工资。春节前后，郝进听说疫情紧急，口罩紧缺，立刻想到把这批口罩捐给需要的人。村支书要给他钱，他说："一分钱都不要，我不能发'国难财'。"在口罩厂打工，还被欠薪，小伙子应该也不是什么有钱人吧。买房、娶妻、养老，样样都要钱。生活不易，而你心有大义。这样的你，一定会有一个光明未来。

"辛苦了，医生。"

在疫情发生期间，全国捐献的物资源源不断地涌向武汉。一辆载满救援物资的运送车到了医院附近。一位医生跑过来引路，但他不敢上车。他说："我现在疑似感染，就在车外给你们引路吧！"然后他跑在车前，把车带向指定地点。这背影，让人心酸。辛苦了，医生。你一身黑衣的背影有些模糊，但在我们心里，你清晰又闪亮。

"为了这500斤消毒液，更为了你的温暖善良。"

2020年1月31日，济南西站，一位热心小哥哥开着大卡车，送来500斤消毒液原液。停车、卸货，没留任何信息，就匆匆走了。这位小哥哥还贴心地准备了喷壶。车站人员一直向他道谢，他却连连摆手："不用不用。"这位小哥，我们都知道，你不图这句"谢谢"，但我们必须要表达深深的谢意。为了这500斤消毒液，更为了你的温暖善良。

············

这次疫情里，有太多这样的故事。被记下的，也许只是千万分之一。这一个个质朴热忱的普通人，他们做的事算不上惊天动地，但他们，值得我们装进心里。正是因为有这些平凡的中国人，所以每当灾难发生时，我们总能携手共渡难关。

中华民族在其悠久的文化中培育了这样一种觉悟——没有国也就没有家，为了大家可以舍弃小家，为了大我可以牺牲小我。拯救国家的不是好莱坞电影式的个人英雄，而是集体主义英雄。并没有从天而降的超级英雄，只有担当起天下兴亡责任的凡人英雄，他们原本只是普通人，热爱生命、热爱家庭，但是一旦国家有难，他们就义无反顾，成为最美的逆行者，成为整个民族的护卫者。这种觉悟是体现在每个中国人身上的主人翁意识："天下兴亡，匹夫有责。"天下者，我们的天下；国家者，我们的国家；社会者，我们的社会。我们不说，谁说？我们不干，谁干？国难当头，十几亿人民无人甘当客人，甘当旁观者。

那些争分夺秒对抗病毒的科研工作者、那些白衣执甲逆风而行的医护工作者、那些家门口前守护平安的社区工作者、那些微光成炬照亮前路的青年志愿者、那些闻令即动勇挑重担的人民解放军、那些捐款捐物心系祖国的海内外华人华侨、那些宅在家中自我隔离的普通百姓……这种举国同心、守望相助的壮丽画卷，让我们看到了平凡人汇聚起来的不平凡的磅礴力量。

尼克松曾经在回忆录中写到，访华期间给他留下最震撼的一个印象就是他在中国人身上看到的那种既异常热烈又高度团结一致的精神。中国人不相信上帝，而是认为人民就是上帝；中国人不崇拜超级英雄，而是认为无数的普通人就是超级英雄。一旦这个集体的英雄降临，任他高山也要夷平，任他洪水也要让道，而瘟神也只好跑路了。

2019 年 9 月 29 日，习近平总书记在国家勋章和国家荣誉称号颁授仪式上的讲话中指出：“伟大出自平凡，平凡造就伟大。”①只要有坚定的理想信念、不懈的奋斗精神，脚踏实地把每件平凡的事做好，一切平凡的人都可以获得不平凡的人生，一切平凡的工作都可以创造不平凡的成就。一切伟大成就都是接续奋斗的结果，一切伟大事业都需要在继往开来中推进。

“垂大名于万世者，必先行之于纤微之事。”实现中华民族伟大复兴的中国梦，要靠各行各业人们的辛勤劳动。当每一个平凡生命的创造精神、奋斗韧劲前所未有地迸发出来，涓滴之水汇聚成不可阻挡的时代洪流时，中华民族的逐梦征程将所向

---

① 《习近平总书记在出席庆祝中华人民共和国成立 70 周年系列活动时的讲话》，人民出版社，2019 年，第 3 页。

披靡,新时代中国的前途将不可限量。新的一年,奋进正当其时, 圆梦适得其势。让我们脚踏实地把每一件平凡的事做好, 一起为全面建成小康社会、实现第一个百年奋斗目标而拼搏奋斗,共同谱写新时代人民共和国的壮丽凯歌!

29

战"疫"中最亮的星

"每当我找不到存在的意义，每当我迷失在黑夜里，夜空中最亮的星，请照亮我前行……"每当这首《夜空中最亮的星》响起时，我们就会浑身充满力量。而大疫当前，那些冲在前线、逆风而行的英雄就是最亮的星星，指引着无数当代青年奔向光明，28岁的武汉女孩吴妮就是追星人之一。

作为新冠病毒疫苗一期临床试验志愿者，吴妮在接受采访时说："能参与其中我很兴奋，因为相信国家、相信陈薇院士。接种疫苗那天，我见到了陈薇院士，见到了'女神'，很激动。因为她们是真正的英雄，我们都不算什么。"

吴妮，28岁，武汉人，公司职员，疫苗一期临床试验志愿者，编号077。她的父亲60岁、母亲52岁，是疫苗二期临床试验志愿者，父亲编号381，母亲编号441。

"我也没想到这一次能如愿当上志愿者，毕竟我们这108

名志愿者里有从方舱医院直接过来的，有从雷神山医院过来的，也有从武汉封城第一天就做志愿者的。"吴妮对记者说："我虽然曾报名参与各种志愿服务，但没有一次入选，我应该是算志愿者里'成分'最差的。"

2020年3月21日，吴妮接到体检通知，3月23日进行体检，3月24日接种疫苗。但在体检过程中，一个"插曲"差点让吴妮错过机会，"当时我的心电图有点异常，负责检查的医生建议我暂缓接种，我特别沮丧"。

回到家，不甘心的吴妮在咨询过医生朋友后，又去与试验专家组沟通，希望能再做一次心电图检查。"幸好这一次结果正常，我如愿成为腺病毒载体重组新冠病毒疫苗一期临床试验志愿者，并且是首期高剂量组36位志愿者中的一员。"

对于做志愿者，吴妮的父母一开始是不太支持的，因为担心参与疫苗临床试验会影响她今后的生活。为了打消父母的顾虑，吴妮每天都为父母分享她观察隔离期间的生活，并上网查资料给父母科普有关疫苗的知识，"比如我会告诉他们腺病毒是很温和的病毒。而且我是高剂量组，当时给我打了2针，他们看到我没有任何的不适反应也就慢慢放心了"。

因为做志愿者，吴妮还掉过泪。结束隔离到家，吴妮看着刚收到的"感谢状"哭了，"当时心情很复杂，因为武汉这段时间挺不容易，而做志愿者对我特别有意义。毕竟，人生有多少机会能体现自己的价值？"

吴妮的故事让我们想到一个话题，当代青年的偶像观到底如何。从前，每当说起现在孩子们的偶像，我们总会"嗤之以鼻"地联想到"流量明星""小鲜肉"这些字眼。然而疫情当下的现实正在让中国年轻人再次思考或重塑自己的英雄观。在关乎选择、担当和道义的时刻，他们看到不少闪光的个人和群体，宛若星辰一般放射着光辉，已成为非常时期的"全民偶像"。

还记得那张上了热搜的无座火车票吗？3月20日，一张无座车票冲上了热搜，这是钟南山院士逆行奔赴武汉的车票，出发时间是2020年1月18日，起点和终点分别是广州南站和武汉站，无座、补票。身份证信息里的"1936"说明了这是一位84岁高龄的老人。你一定还记得，钟南山院士在高铁餐车上满面倦容的照片。当时，他建议："我总的看法，就是没有特殊的情况，不要去武汉。"然而他自己，还是义无反顾地赶往武汉防疫最前线。

还记得那个收到偶像回信的幸福的少先队员吗？"今天超开心！李奶奶给我们回信啦！"2020年5月18日一整天，河南省郑州市中原区伊河路小学少先队员许安喆都沉浸在幸福里。他口中的李奶奶，是中国工程院院士李兰娟，也是他和同学们的偶像。"疫情就是课堂，奶奶希望你们敬畏生命、崇尚科学、保护环境、锻炼身体，扎扎实实地学习、健健康康地成长。"许安喆认真地把信一字一句读给老师、同学和家人听。

还记得有个医生变成了"网红"吗？在这次疫情中，"硬核"

医生张文宏成了一个自己不承认的"网红"。这位在疫情中讲真话、金句频出的医生具备镇定人心的才能,很受年轻人的喜爱。"张文宏是我想成为的那种医生。他专业素养高,不讲虚话空话,为患病者和更多的人做实际贡献,这是医生职业精神最动人的地方。"今年大二的医学专业学生高强说,同学们反复观看张文宏关于传染病防控的系列演讲,学习知识,也在重温报考医学专业的初衷。

还记得那位把胆和拳拳之心都留在武汉的古稀老人吗?他就是中国工程院院士张伯礼。在武汉奋战的 82 个昼夜里,张伯礼院士是抗疫将帅、白衣先锋,他的眼泪要埋在心里。回归正常后,因为他是武汉保卫战经历者,是情感丰富真挚的常人长者,张伯礼眼里常含着泪水。这个老骥伏枥、志在千里的"抗疫老英雄"让中国的年轻人看到新时代中国知识分子在国家有难时义不容辞的担当,看到了人民至上和医者仁心的情怀。

还记得那位身患渐冻症的"铁人院长"吗?他就是武汉金银潭医院的院长张定宇。在这场举世瞩目的抗疫大战中,"世界看中国,中国看湖北,湖北看武汉,武汉看金银潭。"张定宇院长,一个战斗者,一个指挥者,也是一颗定心丸。他知道自己患上了绝症,却要为患者、为社会燃起希望之光;他阻挡不了自己的病情,却用尽全力去把危重患者拉回来。他的双腿已经开始萎缩,但他站立的地方,是最坚实的阵地。他就是鲁迅先生所说的中国人的脊梁,在最崎岖艰险处接过时代的纤绳、民族的火炬。

日新月异的时代,深刻变革的中国,年轻一代是最直接的感知者。有的人曾认为不少"90后""00后"沦于英雄虚无主义,而事实证明,他们擅长在当今社会发掘闪光的偶像,并赋予崇拜行为全新的含义。人类群星闪耀古今,对他们来说,最好的偶像就在当下,最亮的星星就在眼前。

谁是你的偶像?岁月流转,掠过满天星斗。从董存瑞、雷锋,到钱学森、陈景润,再到"四大天王"、周杰伦,再到鹿晗、肖战……到了思想观念多元的"00后"一代,已再难有统一的答案。偶像的更迭,映射着时代的变迁,也不断改写着偶像的内核与外延。

有学者在研究中写到,当前青少年对偶像的崇拜,已从"仰望"向"共生"改变。青年媒体人黄帅说:"不少'90后'青年也会为白方礼、丛飞等'感动中国'人物的事迹流下热泪,在面对这些偶像人物时,我们不再采取匍匐膜拜的姿态,而是用他们的精神引导日常生活。"

中央团校教授吴庆评价:"新时代青年的偶像观呈现价值多样和内涵提升的双重趋势。"价值多样是指当前青年的崇拜对象已不集中在少数类型的几个人物身上,甚至也会崇拜自己这颗"夜空中最亮的星";内涵提升是指随着精神文明的不断丰富,年轻一代的英雄观正在走向成熟。

2019年9月,"杂交水稻之父"袁隆平在线上线下都火了。先是袁老九十大寿的小视频在网上点击量过亿,网友们纷纷送上生日祝福;紧接着,袁老在湖南农业大学演讲,学生们欢呼尖叫,上演"大型追星现场"。

袁隆平、屠呦呦、黄旭华、于敏、孙家栋、张富清、李延年……2019 年 9 月,"共和国勋章"颁发后,这些闪亮的名字频频出现在社交媒体,年轻的粉丝群体将追星对象指向了他们——共和国最闪亮的星。

有数据显示,在"共和国勋章"相关讨论中,"贡献者""中国赞""人民英雄"等词语成为关键标签。这意味着,网友追捧这些大科学家、大知识分子作为明星,指向的是他们所代表的科学精神、奉献精神与社会责任感。

这样的精神引领无数科研工作者冲在一线拓荒、甘为人梯奉献,铸就了中国的今时今日,也激励着青年人紧随榜样的步伐,在强国征程中不断筑梦圆梦。从这个角度而言,与其说年轻人在追"星",不如说是在和那些"最亮的星"交心,并向他们致敬。

30

战"疫"中的"她力量"

大中华悠悠历史，自古就有花木兰替父从军、樊梨花助夫平乱、穆桂英披甲挂帅、梁红玉沙场抗金……这些巾帼英雄在历史的烽烟战火中留下了浓墨重彩的一笔，铁骨铮铮，寸寸柔肠，她们是中国历史上的一座座丰碑，激励着一代又一代的中华儿女。

把历史的镜头切换到当下。自疫情暴发以来，我们惊喜地看到了越来越多勇敢无畏的女性，她们冲在抗疫最前线，她们坚守在各自不同岗位上，汇聚起抗击疫情的惊人的"她力量"。

支援武汉的医疗团队中，扬州大学附属医院派出纯女性团队；西安交大第二附属医院支援人数中，女性占到90%；辽宁医护女性占到总人数的88.2%。截至2020年2月18日，全国驰援武汉的医疗队中，女医生占医生总数的60%以上，女护士占总人数的 90%以上。在火神山医院建筑工地中,这个传统印象中只属于男性的领地里,男女工人比例达到 1:1。

胡适说:"看一个国家的文明,只需要看他们怎样看待女人。"虽然我们遗憾地看到,世界上很多人对女性的印象依然停留在女人等于弱者上。可将目光转向中国大地,就会看到,对女性的偏见与歧视的历史,正在被越来越多的新时代女性合力改写。她们,不再是柔弱的代名词,而是冲锋陷阵,为家国贡献,为人民服务的顶梁柱与主心骨。在这场战役中,随便历数一个普通又平凡的女性,都能代表"中国红",足以让全中国骄傲和自豪。

"老公,我今天一个人换了 8 个氧气罐,你以后还能为我拧瓶盖吗?"南方医科大学珠江医院心内科护士长谭荣欢支援武汉后,在朋友圈和老公开的这句玩笑,火遍了全网。平时在家里基本不怎么干活,连瓶盖都要老公帮助拧开的她,在前线穿上白大褂儿的那一刻,便有如神力附体——抬 8 个氧气罐、连续工作几小时,眉头都不皱一下。她说,一线有风险,但是总要有人去做,想不了那么多,就想着能出一份力,尽早解决这个问题。

广东医疗队护士朱海秀,一位 1997 年出生的年轻女孩。一路小跑着带患者去病房的她,自豪地告诉记者:"我练过 100米!"可活泼的她,面对记者举起的镜头时,却拒绝了。她说,来这没几天,就被父母知道了,那是我 22 年来第一次看到我爸哭。虽然担心父母惦记，但她还是放弃了这个在镜头前报平安的机会。她说，我不想哭，哭花了护目镜没法做事。隐藏了情绪，放下了恐惧，搁置了惦念，从穿上白大褂儿的那一刻，她们就放弃了柔弱和被照顾的权利。她们也是孩子，也爱美，也恐惧死亡，但既然身在一线，她们就没有任何杂念，携手创下了无数个第一：为了防止污染，她们第一次将齐肩长发剃成锅盖头；为了节约时间、节省防护服，她们第一次穿上成人尿不湿；连续超负荷工作，她们第一次开发了坐着睡着的新技能……也许她们不是最强壮的，可谁也无法质疑她们的力量！

　　火神山医院创造了 10 天建成的世界神话，"基建狂魔"这个名号，再一次响彻世界。奇迹的诞生，离不开无数位伟大的中国女性。有太多的女性，一边做着繁重的体力劳动，一边展现出最美的笑容。武汉夏江区的包工头胡晓红在吃年夜饭的时候，听到了要急速建成火神山的消息。而彼时，武汉已经封城，人心惶惶，可胡晓红只听进去了 3 个字：需要人。年夜饭都没吃完的她，当即放下筷子，号召自己的所有工人，连夜赶赴火神山参与工地建设。在轰轰隆隆的工地现场，记者了解到她家里还有 2 个孩子，问她舍得吗？口罩依然遮不住胡晓红爽朗的大笑："没有什么舍不得！我们有一分力，就发一分光！既然是中国人，哪里需要我们，我们就去哪里！"究竟是怎样的觉悟，才能有如此的侠义之气。朴实的大姐也许说不出什么豪言壮语，可她却知道：只有让建设的速度跑赢病毒传播的速度，才可以让医院拔地而起,救更多的人;只有工程顺利完工,才能让大家看到武汉生的希望。此时此刻,她早已忘了自己是妈妈,是妻子,是女儿,她的名字是中国女性!一直觉得侠之大者这个词离我们好远好远,可看到你们质朴笑脸的那一刻,我们就读懂了什么是巾帼英雄。

无论是医护一线、工地现场,还是大江南北的各个角落,处处可见她们的身影。

73岁的院士李兰娟依旧奔波在一线,她说:"国家的大事,自己义不容辞。"胡晓红,一位与那位侠义女包工头同名的女工程师,是火神山项目的钢结构专家和施工部分的"主心骨"。敖忠芳,92岁依然坚持每周为600位患者看诊,她说:"救活一个人就是救活一家人。"山东寿光一位农民阿姨,一晚可采摘400斤黄瓜,连夜送往武汉。

…………

她们的贡献,虽然无法计量,但我们却能清楚地听见最可爱的她们无声地告诉我们:为国效力,不分性别。

正如习近平总书记所说:"新冠肺炎疫情发生后,广大女医务工作者义无反顾、日夜奋战,坚守在疫情防控第一线,展现了救死扶伤、医者仁心的崇高精神。广大党员干部、公安民警、疾控工作人员、社区工作人员、新闻工作者、志愿者等中的妇女同胞们忠诚履职、顽强拼搏,做了大量艰苦工作,用实际行动为疫情防控斗争做出了重要贡献。"①

也许在安好岁月里,她们只是拧不开瓶盖的小可爱,爱美也胆小,但在疫情危机的关键时刻,她们毅然扛起了重担,凭借着专业的知识、经验、坚韧和一颗悲悯包容的心,她们成为这次疫情中的绝对中流砥柱,在国家大难面前,她们义无反顾地前行,挡下所有危难。

我们所认识的中国女性,早已不是被忽视、被小瞧的附属品;而是用知识、独立来追求自由的梦想,用爱国与热血来改变中国,用付出与牺牲来影响世界的时代桥梁!

感谢每一位在抗疫斗争中逆向前行的女英雄!致敬每一位在关键时刻勇敢前行的中国女性!

---

① 《在"三八"国际劳动妇女节到来之际 习近平向奋战在疫情防控第一线和各条战线的广大妇女同胞表示诚挚的慰问 向全国各族各界妇女同胞致以节日的问候》,新华网。

31

崇尚英雄才会产生英雄
争做英雄才能英雄辈出

"燕子来时新社,梨花落后清明。"

今春的清明,我们永远不会忘记。2020 年 4 月 4 日,为表达全国各族人民对抗击新冠肺炎疫情斗争牺牲的烈士和逝世同胞的深切哀悼,全国和驻外使领馆下半旗志哀,全国停止公共娱乐活动,从上午 10 时起,全国人民默哀 3 分钟,汽车、火车、舰船鸣笛,防空警报鸣响。

大江南北,长城内外,每一个中国人都在内心祈愿:

逝者,安息!英雄,走好!

对每一个普通人来说,清明节祭奠逝去的亲人是接受一种孝亲感恩的伦理熏陶;对一个民族和国家来说,清明节祭祀英雄烈士更是一种民族精神的文化锻造。

"衣白褂,破楼兰,赤子切记平安还!"

然而我们都知道,事实远比我们想象得残酷,听着电视广播里不断更新的倒在前线的医护人员的数据，我们除了悲痛，还能为他们做些什么？

铭记，没错，就是铭记！

他们的英勇奉献，烙印在最美的逆行中，镌刻在冲锋的道路上，谱写在奋斗的岗位上。

他们舍己为人、救死扶伤，是社会的价值基石，是国家的宝贵财富，是时代的精神坐标。

党和国家给予了他们"烈士"的最高荣誉，人民也应该把他们深埋心底、牢牢铭记。

然而曾几何时，社会上出现了一种怪象：一些家喻户晓的英雄人物竟成了被肆意抹黑的对象，比如，妄称邱少云现象违背生物学常识、五壮士偷拿群众萝卜、雷锋写日记自我炫耀等，不一而足。

令人咋舌的是，在全国上下一心抗疫的非常时期，历史虚无主义思潮再一次沉渣泛起。它们比病毒本身更像病毒，穿着"价值中立""敢说真话"的外衣，在人群中肆意蔓延，悄然荼毒。

比如，你一定都吃过以下几种"瓜"。

在中国两次疫情面前都不惧生死挺身而出的、被誉为国士的钟南山院士因一档 9 年前的节目中儿子佩戴了一条爱马仕的皮带而遭到无端质疑和谩骂。

73 岁高龄的李兰娟院士，于 2 月 1 日带领团队紧急驰援武汉，争分夺秒地阻击疫情。但竟然有人"精心"打造并"隆重"

推出了一篇《李兰娟院士重磅推荐新药为其儿子名下公司出品》的文章,博人眼球。

上海新冠肺炎医疗救治专家组组长张文宏教授提醒家长,在新冠肺炎疫情防控的关键时期,一定要重视孩子的饮食结构。绝对不要吃垃圾食品,不要喝白粥,一定要摄入鸡蛋与牛奶这类高营养、高蛋白的食物。结果却被生生地扣上了"崇洋媚外"的帽子。

…………

诸如此类,黑白颠倒、是非不分,既令人愤慨,又发人深思。

我们首先来深挖一下历史虚无主义背后的惊天阴谋。这股思潮一直通过歪曲、诋毁、否定党史、新中国史、革命史和军史,企图从历史依据上釜底抽薪、挖根断源,使人们对马克思主义的科学性、中国走向社会主义的必然性、中国共产党执政的合法性产生怀疑和动摇,从而搞乱思想、搞乱人心,销蚀中国特色社会主义道路自信、理论自信、制度自信、文化自信,从而达到"不战而屈人之兵"的目的,其心险恶、令人瞠目。

这不,疫情来了,中国涌现出了大量的英雄人物,此时不出手,更待何时?这些历史虚无主义者又不甘寂寞纷纷粉墨登场了。

他们的这些行骗江湖的手段早已被有识之士看穿看破。不信你细品:他们是不是喜欢以重评重写为幌子?他们是不是以学术面貌为外衣?他们是不是以臆想推测为根据?他们是不是以娱乐文化为面具？他们是不是以言论自由为旗号？他们是不是以西方评判为标准？他们是不是以网络传播为重点？

没错，全中了。

历史虚无主义者在表演的时候有四款基本的脚本。

第一款叫作好人都不好。历史虚无主义肆意贬低、丑化党和人民的领袖，全盘否定他们的历史功绩和人格力量，对革命先烈和英雄模范人物，或污蔑诽谤，或调侃戏弄，妄图毁灭中华民族的精神脊梁。

第二款叫作坏人都不坏。对历史上那些"逆势而上"甚至恶贯满盈的历史罪人，历史虚无主义则往往有意渲染、美化，公然为已有定论的反面历史人物翻案，为反动头目叫屈，为投敌叛国分子张目，为殖民统治者正名。

第三款叫作海口说失误。历史虚无主义常常把支流作为主流，把局部说成整体，夸大领袖人物的错误来虚无、丑化党的领袖，夸大我们党领导革命、建设、改革中的曲折或失误来虚无、诋毁中国共产党的历史，以偏概全，以管窥天，以蠡测海，否定历史规律，篡改历史结论。

第四款叫作拼接全随意。历史虚无主义以碎片化历史细节"否定"历史规律或"还原"历史整体，将完整的历史分割成零散的历史碎片，流连忘返于边边角角，津津乐道于传说演义，纠缠不休于细枝末节，根据预设立场剪裁拼贴，用小细节小故事小情节代替大历史大趋势大走向。

历史是复杂的、厚重的，正如有人所说："历史的道路不是涅瓦大街上的人行道。它完全是在田野中行进的，有时穿过尘埃，有时穿过泥泞，有时横渡沼泽，有时行经丛林。"

而历史虚无主义对待历史往往进行主观化猜测、简单化处理，披上新潮的理论外衣，采取迂回隐蔽的策略兜售其错误观点，具有很大的欺骗性和渗透性，对公众尤其是青少年具有更大的迷惑性和毒害性。

英雄，不需要被神化，但绝不容许被亵渎。

当我们识破了历史虚无主义的精致"画皮"和骗人"把戏"，我们便可端起历史规律的望远镜，让历史和事实尽收眼底。

除了我们应该看到的那些真相之外，我们还应该懂得，英雄烈士的名誉尊严不受侵犯，不仅是道德良知划定的红线，更是法律法规划定的底线。

2018 年 5 月 1 日开始施行的《中华人民共和国英雄烈士保护法》，就以立法形式宣示了国家和人民尊崇、铭记英雄烈士，捍卫英雄烈士名誉荣誉的鲜明价值导向。

保护法实施两年来，司法机关对侵害英雄烈士名誉荣誉的案件依法从快从严办理，惩处相关违法犯罪行为，坚决捍卫英雄烈士名誉荣誉。

为众人抱薪者，不可使其困于风雪。

我们不应该让英雄流血又流泪。

那些为了国家和人民而奋战的英雄，值得我们付出满满的深爱和敬意。让我们对那些亵渎他们、曲解他们、利用他们的行为坚决说不,让褒扬英雄烈士精神、捍卫英雄烈士荣光成为我们的日常。

"一个有希望的民族不能没有英雄,一个有前途的国家不能没有先锋。"①在此次疫情中,我们看到了太多平凡却深笃的英雄。比如,解放军医疗队除夕夜闻令而动驰援武汉,医学专家在焚膏继晷地研制病毒试剂,医务人员日夜奋战在险象丛生的战"疫"一线,建筑工人不眠不休迅疾建成火神山和雷神山医院,志愿者组成车队运输救援物资、接送医生上下班,菜农师傅筹集一箱箱蔬菜送往医疗队……那些在这场战斗中献出生命的医务人员、民警辅警、退役军人、基层干部、志愿者等,更是为英雄作出了伟大的注解。没有他们的冲锋陷阵和担当有为,全国疫情防控阻击战不可能这么迅速就取得重大战略成果。此次疫情大考使得神州大地再次响起一曲曲感天动地、荡气回肠的英雄赞歌,也再次表明在新时代追梦的道路上英雄情怀不可或缺。

"要心怀崇敬,浓墨重彩记录英雄、塑造英雄。"②或许,他们内心深处也曾有过惧怕、犹疑,但对"义"的信仰,对超越"私我"的渴念,使他们多了一份把个体利益让渡出去,乃至把个体

---

① 《习近平在纪念中国人民抗日战争暨世界反法西斯战争胜利 70 周年系列活动上的讲话》,人民出版社,2015 年,第 19 页。
② 《习近平谈治国理政》(第二卷),外文出版社,2017 年,第 351 页。

生命交付出去的坦然。这种对超我的、纯粹的善的信仰与坚持，让孱弱的个体生命变得强大有力。任何一个追求进步的民族都应该对英雄保持着深刻铭记、情感眷恋、价值认同和深切关怀，让英雄情怀深深熔铸在民族血脉之中。

"崇尚英雄才会产生英雄，争做英雄才能英雄辈出。"①对英雄的崇尚，不仅承载了社会结构性秩序维持的功能，更契合了个体价值意义建构的诉求。新时代，千千万万的平民英雄，可以为民众树立切近的榜样，为实现中国梦提供微观却绵长的精神滋养。我们需要从他们身上汲取精神力量，以日常之善抵牾"平庸之恶"。在沉默与正确发声之间，选择正确发声；在独善其身与挺身而出之间，选择挺身而出。

---

①《习近平总书记在出席庆祝中华人民共和国成立70周年系列活动时的讲话》，人民出版社，2019年，第2页。

32

"江南无所有,聊赠一枝春"

在中国湖北省宜昌市五峰县有一个小镇,叫长乐坪镇。在这个小镇里有一群村民,若非这次疫情,我们可能永远不会关注和在乎他们的存在。他们质朴老实,许多人甚至一辈子都没走出过大山。他们生活贫困,大部分人没有接受过像样的教育。但就是这样一群村民,在 2020 年的春天给我们上了一堂最动人的课。

桥坪村张大爷说:"邓书记您不要怪我,您上次找我买洋芋(土豆),我真的没得多的卖。这是我们自己家吃的,武汉有难,我不能袖手旁观。我们农民还可以自己在地里刨,送去武汉比我自己吃还舒坦!"

石桥沟村高大叔说:"我家里没有种好多菜,今年猪子不太大,这四壶菜籽油是我们今年自己背菜籽去油厂榨的,这些干菜都择得干干净净的,可以直接下锅。"

百年关村赵婆婆说:"这个羊腿我熏得刚刚好了,不晓得他们喜不喜欢吃,但这是我最为敬的东西,你们一定帮我带到武汉去。"

…………

此刻,让我们铭记,在中国这样一个贫穷的小镇里,有这样一群可爱的人,说了这样可爱的话,做了这样可爱的事。

2020 年 2 月 22 日这一天,这些村民将凑来的 85 吨物资如期送达武汉。上面写着这样深情的诗句:"江南无所有,聊赠一枝春。"

这轻描淡写的 "一枝春" 是村民们通过最原始的交通方式——步行,肩挑背扛、跋山涉水送来的。攀险峰、滑索道、蹚河水、过雪地……若不是亲眼看到照片,你很难相信在长征中发生的一幕又一次在我们眼前上演。

这轻描淡写的"一枝春"包含着腊肉、猪腿、菜油、萝卜、土豆、大米、麻糖……在我们看来,这些东西可能稀松平常。但在这样的小镇里,村民捐出的可能是自家积攒一年的家底和生活保障。他们中大多数人没有去过武汉,却愿意为这座陌生的城市慷慨解囊、倾其所有。

这轻描淡写的"一枝春"映照着村民们朴实的感恩之心。投我以木桃,报之以琼瑶。2012 年起,武昌区开始对口帮扶长乐坪镇,派驻扶贫干部,给予资金和产业帮扶,特别是支持长乐坪镇卫生院软硬件建设,每年免费接收医务人员进修培训……

"我们对武汉人民的帮扶情谊,铭记在心。"长乐坪镇镇长谢陈陈说。知恩回报,尽己所能为武汉出一份力,是应该的。

这轻描淡写的"一枝春"是村民们家国情怀的绚丽绽放。"有什么就捐什么,把心意带到武汉去。"在镇政府的组织下,全镇17个村的村民们迅速行动。一些海拔较高的村落,积雪还未融化,为防止摔倒受伤,村民们肩挑背扛,结伴下山送物资,"比起一线医护人员,这点危险算什么?"村民们说。为把最好的物资送到武汉去,长乐坪镇组织志愿者、干部群众对所有捐赠物资进行再包装,以高标准进行分装整理,"但凡有一点烂叶子和泥巴,我们都要清理干净"。这是他们对武汉人民的一份敬意和深情,也是对祖国的一份热爱和赤诚。

不懂中国文化的人不免有这样的困惑:这些自己都吃不饱的村民为什么要倾其所有援助武汉?我想,这是中国人特有的流淌在血液中的守望相助的家国情怀。

华春莹在答记者问时曾说:"中国有一首脍炙人口的歌曲叫《国家》,'家是最小国,国是千万家',唱出了无数中国人的心声。舍小家为大家、先国家后个人,从来都是中华文化的核心基因和中华民族的精神标识,是把中华儿女团结在一起的强大精神力量。此次疫情发生后,中国政府始终把每一个公民的生命安全和身体健康放在第一位,尽最大努力确保每一位患者得到及时救治。同时,在当前这场疫情防控阻击战中,涌现出许许多多舍小为大、舍家为国的感人事迹,中国人的家国情怀在共同抗击疫情中得到了充分展现和诠释。"

家是最小国，国是千万家。撇开家庭这一构成社会的最基本单位，国家建构无以生成，没有家就没有国；而偏离国家肌体对家庭的强大支撑，家便难以为继，没有国便没有家。这是最朴素的家国关系，维系其精神纽带的是始终伴随其中的家国情怀。

家国情怀作为个人对家庭和国家共同体的认同与热爱，是爱国主义精神产生的伦理基础和情感状态，在中华文明数千年演进历程中有着深厚的滋生土壤和历史渊源。

《大学》里的"八条目"是对家国情怀的经典论述："古之欲明明德于天下者，先治其国；欲治其国者，先齐其家；欲齐其家者，先修其身……身修而后家齐，家齐而后国治，国治而后天下平。"

家国情怀的核心内涵是在家尽孝，为国尽忠；家国情怀的实践途径是修己安人，经邦济世；家国情怀的价值理想是以身报国，建功立业。

这种将个人与家庭、家庭与社会、社会与国家一同建构的理念，生成了中国人特有的价值逻辑，勾勒出中国人家国情怀的独特精神谱系。把家国情怀放置在"家是最小国，国是千万家"的框架内进行价值设定，主张"先国后家、为国而家"，当家庭利益与国家利益发生矛盾不可两得时，把倡导并践行舍小家保国家作为个体最大的"孝"和对国家最大的"忠"，这种价值观念渗血融思、根深蒂固。霍去病"匈奴未灭,何以家为"、大禹治水"三过家门而不入"的佳话便是最好的明证。

　　中华民族这种特有的家国情怀,充分体现了在中华民族内部关系中"命运与共"的共同体意识,彰显了国重于家、先国后家的价值遵循,建构了中国人既重二者结合又尚国家民族大义的价值取向。

　　千百年来,中华民族不屈不挠的民族精神、亿万中国人传承的同舟共济、守望相助的家国情怀,已经在这场必将载入史册的抗疫斗争伟大实践中得以弘扬,必将激发起中华民族伟大复兴的强大动力。

33

"中医传千古，大疫出良方"

前几年，有一部关于中医的电视片《神医喜来乐》热播，剧中的主人公是一位叫喜来乐的中医，这位特别怕老婆但又医术十分高超的郎中，因为治好了许多疑难病症，被人们称为"神医"。喜来乐治疗各种疑难病症的故事，告诉人们一个道理：中医很神奇！有的观众看了电视剧后，记住了喜来乐治疗病症的法子，用于自己的生活实际中，感觉中医真管用！

在全国人民共同抗击疫情的时期，人们蜗居在家，有网友看了《神医喜来乐》之后，发出这样的疑问：中医这么厉害，能治疗新冠病毒引起的肺炎吗？抗击疫情的斗争实践告诉人们：可以！

在武汉、湖北疫情紧急时刻，国家中医药管理局组建的5支中医医疗队共770名医务人员紧急驰援武汉，全国29个省区市共选派4900余名中医药人员援助湖北，约占援鄂医护人员总数的 13%，其中包括 3 位院士和数百名专家，天津中医药大学校长、中央指导组专家张伯礼院士就是其中的一员。

张伯礼院士深入抗击疫情一线，根据病人的不同情况，大力推进中医药全面介入新冠肺炎轻症、普通型、重症和危重症患者的治疗方法。在张伯礼院士申请下建立的江夏方舱医院是专门的中医方舱医院。中医药医务人员采取以中医药为主、中西医综合治疗方法救治患者，所有患者服用中药汤剂，配合灸疗等中医传统疗法，辅以太极拳、八段锦，打了一套中医药抗击疫情的"组合拳"。江夏方舱医院共收治564名患者，没有一例转为重症。在 26 天的运营中，创造了零转重、零复阳、零投诉的"三个零"纪录。

张伯礼说，早在 2003 年抗击"非典"疫情时，中西医结合的方式就被验证可以有效抗击冠状病毒。在本次新冠肺炎疫情中，在西医循环与呼吸等支持下，中医药在稳定患者血氧饱和度、控制肺炎进展、抑制炎症因子风暴及保护重要脏器功能等方面都起到了很好的效果。"我们虽然没有特效药，但是中医有有效方案。中西医结合救治，是我们中国方案中的亮点。"张伯礼说。

与世界其他国家相比较，抗击疫情的事实表明，在没有特效药和疫苗的情况下，中医药在降低转重率，特别是在早期轻症和普通型患者的治疗中发挥了积极作用，中医药的贡献功不可没。以中医药参与新冠肺炎疫情的防治既是中国抗击疫情的一个亮点，也是中国抗击疫情的一个特色，探索形成了以中医药为特色、中西医结合救治患者的系统方案，成为中医药传承创新的一次生动实践。

中国工程院党组书记、院长李晓红将中医药在此次疫情防控中的独特优势概括为四个方面：

改善疾病初期症状。对于密切接触者，通过中医药"治未病"来预防，运用中医药调节机体状态，提高免疫力，抵御病毒，阻断病情发展，可以减少发病或者实现不发病。对于已经有发热症状、不能排除是新冠肺炎的患者，中成药具有明显的抑制病毒感染引起的炎症反应作用，可有效降低群体发病率。

减少轻症向重症转变。对于轻症、普通型患者，可以有效阻止其向重症、危重症转变。中药汤剂与成药剂型相得益彰，中医药救治机理、方法和方剂能够快速改善确诊轻症患者症状，在病人退烧和减轻咳嗽、咽喉痛、体虚乏力等方面改善比较明显，见效比较快。

通过中西医结合缩短病程，提高救治质量。在中西医结合治疗新冠肺炎的临床研究中，患者平均体温恢复时间、症状消失时间、平均住院时间等都明显优于单纯西医治疗。对于重症及危重症患者，一方面，可以减缓、阻止重症向危重症转化，提高治愈率，降低病亡率；另一方面，在治疗重症方面有较好效果，不仅能改善重症患者症状，还能保护患者脏器功能。

帮助患者康复，提高生活质量。在患者恢复期运用中医药特色疗法，可以更好地改善肺功能，避免引起后遗症。一些益气健脾、益气养阴、化痰通络的药物和针刺、艾灸、八段锦、穴位贴敷、隔物灸、热敏灸、拔罐等非药物的中医特色疗法，在帮助患者增强体质、加快康复方面有明显效果。

国务院新闻办公室于 2020 年 6 月 7 日发布的《抗击新冠肺炎疫情的中国行动》白皮书总结的中国抗疫经验中有这么一条：充分发挥中医药特色优势。坚持中西医结合、中西药并用，发挥中医药治未病、辨证施治、多靶点干预的独特优势，全程参与深度介入疫情防控，从中医角度研究确定病因病基、治则治法，形成了覆盖医学观察期、轻型、普通型、重型、危重型、恢复期发病全过程的中医诊疗规范和技术方案，在全国范围内全面推广使用。中医医院、中医团队参与救治，中医医疗队整建制接管定点医院若干重症病区和方舱医院，其他方舱医院派驻中医专家。中医药早期介入、全程参与、分类救治，对轻症患者实施中医药早介入早使用；对重症和危重症患者实行中西医结合；对医学观察发热病人和密切接触者服用中药提高免疫力；对出院患者实施中医康复方案，建立全国新冠肺炎康复协作网络，提供康复指导。

中医药参与救治确诊病例的占比达到92%。湖北省确诊病例中医药使用率和总有效率超过 90%。筛选金花清感颗粒、连花清瘟胶囊/颗粒、血必净注射液和清肺排毒汤、化湿败毒方、宣肺败毒方等"三药三方"为代表的针对不同类型新冠肺炎的治疗中成药和方药，临床疗效确切，有效降低了发病率、转重率、病亡率，促进了核酸转阴，提高了治愈率，加快了恢复期康复。

"大疫出良方"是中华民族千百年来同疾病作斗争的实践经验总结。金花清感颗粒、连花清瘟胶囊/颗粒、血必净注射液这"三药"都是前期经过审批的已经上市的老药，这次在新冠肺炎治疗中发挥了重要作用，显示出良好的临床疗效。其中，金花清感颗粒是 2009 年在抗击甲型 H1N1 流感中研发出的有效中药。清肺排毒汤、化湿败毒方、宣肺败毒方这三个方剂中，清肺排毒汤是由源自于中医四大经典之一《伤寒论》的五个经典方剂融合组成的。化湿败毒方和宣肺败毒方是在临床救治过程中，根据临床观察总结出来的有效方剂。

北京中医医院院长刘清泉认为，中医药治疗传染病已有数千年历史，形成了比较成熟的科学规律，针对传染病的治疗，主要集中在三种治疗方法——清热、化湿和解毒。各种传染病的病因不同，三种治法各有偏重，在这个过程中，中医产生了经典名方。

中华民族在悠久的历史中，创造了辉煌灿烂的中华文化。中医药就是中华优秀传统文化的重要组成部分。千百年来，中医药为中华民族的健康做出了重大贡献。中医是中华民族在与疾病作斗争的过程中产生和形成的原创性医学，有自己一个完整的理论体系和丰富多彩的诊疗技术。中医与中国传统文化特别是中国哲学存在紧密的联系。中医就是以中国哲学为基础发展起来的,中国哲学中的天人合一思想、天人相应思想、阴阳五行思想,体现贯穿于中医理论之中。

中医有自己的经典。《黄帝内经》《难经》《伤寒杂病论》《神农本草经》被认为是中医学的四大经典。《黄帝内经》,简称《内经》,是古人假托黄帝之名而写成的中医经典,它的问世使人们长期积累的医药知识理论化、系统化,标志着中医学理论体系的形成,成为中医药发展的基础和理论源泉。《难经》相传是扁鹊为解《内经》之"难"而写。为阻止瘟疫流行、治病救人,张仲景"勤求古训、博采众方",撰写成《伤寒杂病论》(后来被分成《伤寒论》和《金匮要略》两书),该书的问世标志着中医临床学的形成。《神农百草经》是中国最早的药物学专著,它奠定了中药学理论体系的基础。神农尝百草的故事说明了中医药起源于中华民族的先祖治疗疾病的实践需要。在"四大经典"的基础上,中医形成了包括基础理论、临床病症辨治、药物功效等独特的中医药体系。由于中医药的作用,中国历史上没有出现过像欧洲那样动辄几千万的瘟疫死亡人数。

在谈到中医的作用时,李晓红和《抗击新冠肺炎疫情的中国行动》白皮书都提到"治未病"。"治未病"是中医的重要思想。"未病"一词最早见于《黄帝内经》:"是故圣人不治已病治未病,不治已乱治未乱,此之谓也。"以后历代医家在临床实践过程中,形成了对"未病"的一致认识:所谓"未病",是对人体处于无疾病状态、有疾病的先兆状态、已病的早期状态和疾病初愈未复发状态的高度概括。与"未病"的含义相关，所谓"治未病"的含义可以概括为以下几个方面：未病养生，防病于先；欲病救萌，防微杜渐；已病早治，防其传变；瘥后调摄，防其复发。把握中医"治未病"的思想，可以更好地发挥中医药的作用，学习中医药文化，形成符合中医"治未病"理念的健康工作方式和生活方式，对于保持个人身体健康和建设健康中国都具有重要意义。

随着我国的对外开放，中医药走向世界的步伐日益稳健，中医药服务遍及全球180多个国家和地区。40多个外国政府、地区和组织与我国有专门的中医药合作协议，30多个国家和地区开办了数百所中医药院校，一批中医药海外中心在共建"一带一路"的国家和地区相继建立，国际合作项目数量日益增加。

中医药悠久的历史、确切的疗效，由中国到世界的传播，都是我们坚定树立中医药是中华优秀传统文化瑰宝这一文化自信的根据。我们要把老祖宗留给我们的中医药宝库保护好、传承好、发展好，坚持古为今用，努力实现中医药健康养生文化的创造性转化、创新性发展，使之与现代的健康理念相融相通，服务于人民健康。

中医药学是融预防、治疗、康复为一体的整体医学。中国抗击新冠肺炎疫情的实践证明，中医和西医虽然是两个不同的医学体系，对健康和疾病有不同的认识角度，但各有优势，各有所长,可以相互配合发挥治疗疾病、保护人民健康的作用。

现实生活中,有些人或是由于自己的无知,或是由于自己的偏见,或是由于自己的片面认识,或是由于受江湖郎中的欺骗,或是受利益集团的操纵,总是这样或那样地否认或贬低中医的作用。经过了抗击新冠肺炎疫情的实践,我们说,各种对于中医的错误认识应当加以纠正。

34

"万众一心加油干，越是艰险越向前"

2020 年 2 月 4 日，一位女孩骑自行车回武汉上班的短视频火了！这个 1996 年出生的女孩叫甘如意。在武汉封城、没有公交车的情况下，女医生甘如意于 1 月 31 日上午 10 点，骑着自行车离家，向着武汉的方向前行。到 2 月 3 日下午 6 点，历经 4 天 3 夜，行程 300 千米，靠着手机导航，终于安全地从农村家中返回武汉市区医院，参加抗击疫情的一线工作。她本是单位放假回家过年，也没有接到单位要求她返回的通知，一个姑娘家怎么会有这么大的勇气？披星戴月、风雨兼程，她的事迹感动了无数网友。她说："如果我后退了，我觉得这是不可原谅的。"

疫情紧急时期，84 岁的钟南山挤上高铁餐车赶赴武汉。73 岁的李兰娟每天只睡 3 小时，"疫情不退我不退"。72 岁的张伯礼胆囊摘除手术后第三天就投入工作，他说："肝胆相照，我把胆留在了这里。"为抗击疫情,54万名湖北省和武汉市医务人员冲锋在前, 来自全国各地和军队的346支医疗队、4.26万名医务人员逆行出征。广大党员干部、医务人员、人民解放军指战员、社区工作者、公安干警、海关关员、基层干部、下沉干部、快递小哥、环卫工人、道路运输从业人员、新闻工作者、志愿者不辞辛苦、日夜值守。在与病毒直面战斗的医务人员中,2000多人确诊感染,几十人以身殉职。公安民警及辅警有130多人牺牲在工作岗位上。

> 你要让我说,
>
> 这座城市哪儿好,
>
> 我让你看看,
>
> 用血肉和生命垒起的战壕。
>
> 你要让我说,
>
> 这些人民哪儿好,
>
> 我让你听听,
>
> 用离别和牺牲谱写的歌谣。

这是一位武汉市民写下的抗疫诗句。

此景此情,不禁让人想起雄壮激越、催人奋发的中华人民共和国国歌《义勇军进行曲》:

起来！不愿做奴隶的人们！

把我们的血肉筑成我们新的长城！

中华民族到了最危险的时候，

每个人被迫着发出最后的吼声。

起来！起来！起来！

我们万众一心，

冒着敌人的炮火，前进！

冒着敌人的炮火，前进！

前进！

前进！进！

2020年2月23日，习近平总书记在统筹推进新冠肺炎疫情防控和经济社会发展工作部署会议上的重要讲话中指出："中华民族历史上经历过很多磨难，但从来没有被压垮过，而是愈挫愈勇，不断在磨难中成长、从磨难中奋起。"①

抗击新冠肺炎疫情，是一场守护人民群众生命安全和身体健康的疫情防控人民战争、总体战、阻击战，是一场没有硝烟的战争。打赢这场没有硝烟的战争，彰显了中国人民在中国共产党领导下万众一心加油干、越是艰险越向前的伟大斗争精神。这一伟大斗争精神，是中华民族优秀传统精神的传承，是中国革命精神的发扬光大，是新时代的中国精神。

---

① 《我们一定能战胜疫情，保持良好发展势头》，《人民日报》，2020年2月24日。

在几千年的历史流变中，中华民族从来不是一帆风顺的，遇到了无数艰难困苦，但我们都挺过来、走过来了，其中一个很重要的原因就是世世代代的中华儿女培育和发展了独具特色、博大精深的中华文化，为中华民族克服困难、生生不息提供了强大精神支撑。

社会是在矛盾运动中前进的，有矛盾就会有斗争。有重大矛盾，就会有重大斗争。有重大斗争，就会有伟大斗争精神。中华民族向来具有不怕被苦难压倒、勇于斗争的精神。从远古的时候起，中国人民在同自然的斗争中，就表现了伟大的斗争精神，中国古代许多的神话寓言故事，如盘古开天、女娲补天、精卫填海、后羿射日、夸父追日、愚公移山、伏羲画卦，都反映和体现了中国人民勇于斗争的伟大、崇高精神。中华文化的优秀精神绵延不绝，传承至今。

1945 年 6 月 11 日，在中国共产党第七次全国代表大会闭幕词中，毛泽东讲述了"愚公移山"的故事，高度赞扬了愚公移山的精神：

中国古代有个寓言，叫作"愚公移山"。说的是古代有一位老人，住在华北，名叫北山愚公。他的家门南面有两座大山挡住了他家的出路，一座叫做太行山，一座叫做王屋山。愚公下决心率领他的儿子们要用锄头挖去这两座大山。有个老头子名叫智叟的看了发笑，说是你们这样干未免太愚蠢了，你们父子数人要挖掉这样两座大山是完全不可能的。愚公回答说：我死了以后有我的儿子，儿子死了，又有孙子，子子孙孙是没有穷尽的。这两座山虽然很高，却是不会再增高了，挖一点就会少一点，为什么挖不平呢？愚公批驳了智叟的错误思想，毫不动摇，每天挖山不止。这件事感动了上帝，他就派了两个神仙下凡，把两座山背走了。[①]

毛泽东接着讲道：

现在也有两座压在中国人民头上的大山，一座叫作帝国主义，一座叫作封建主义。中国共产党早就下了决心，要挖掉这两座山。我们一定要坚持下去，一定要不断地工作，我们也会感动上帝的。这个上帝不是别人，就是全中国的人民大众。全国人民大众一齐起来和我们一道挖这两座山，有什么挖不平呢？[②]

从毛泽东讲述愚公移山的故事中，我们可以看到：中国共产党就是下定决心要移走帝国主义和封建主义两座大山的愚公，全中国的人民大众就是能够移走帝国主义和封建主义两座大山的上帝。毛泽东把中国共产党比喻为愚公，说明了中国共产党的决心之坚定；把全中国的人民大众比喻为上帝，说明了中国人民力量之磅礴。毛泽东向全党发出号召："下定决心，不

---

①②《毛泽东选集》(第三卷)，人民出版社，1991年，第1102页。

怕牺牲,排除万难,去争取胜利。"①毛泽东除了号召全党发扬这种精神外,还号召全党"使全国广大人民群众觉悟,甘心情愿和我们一起奋斗,去争取胜利"。中国共产党和广大人民群众发扬愚公移山的精神,终于挖掉了帝国主义和封建主义两座大山,取得了革命的胜利。

在中国革命、建设和改革的进程中,共产党员、人民军队及广大人民群众,发扬"下定决心,不怕牺牲,排除万难,去争取胜利"的中国革命精神,涌现了数不胜数的英雄,著名的如舍身炸碉堡的董存瑞,舍身堵枪眼的黄继光,舍身拦惊马的欧阳海,舍身救人的王杰,牺牲于"九八抗洪"一线的李向群,牺牲于抗击"非典"疫情一线的护士长叶欣,等等。这些英雄身上所体现的精神,是中华民族自强不息、厚德载物、杀身成仁、舍生取义的勇敢精神,是中国共产党人、人民军队及广大群众"下定决心,不怕牺牲,排除万难,去争取胜利"的革命精神。

中华民族精神、中国革命精神具有传承性。

2008年5月12日汶川大地震发生后,地震灾区与外界的交通、通信联系中断,为了及时了解灾区的情况,"黄继光生前所在部队"15名空降兵写下遗书,在没有地面引导、气象条件恶劣、降落地形复杂的特别危险情况下,从4999米高空跳出机舱,扑向疮痍大地上的震中孤岛。

李振波大校在机上动员讲话:"同志们,党和人民考验我们

---

① 《毛泽东选集》(第三卷),人民出版社,1991年,第1101页。

的时候到了，灾情就是命令，灾区的老百姓、灾区的群众在期盼着我们。"随后，李振波带领勇士们从天而降。勇士们降落地面，给灾区群众带来了希望，增强了灾区群众的抗震信心，他们及时地把地震灾区的情况报告给抗震救灾指挥部，为组织抗震救灾做出了重大贡献。

当抗震救灾结束，空降兵撤离灾区时，一个12岁的小男孩高举"长大我当空降兵"的牌子，向空降兵致敬告别。这名小男孩名叫程强，长大后，如愿当上了空降兵。

新中国成立以来，无论是抵御地震、洪水、泥石流、雨雪冰冻等重大自然灾害，还是抗击天花、血吸虫病、疟疾、"非典"等重大疫情，中国人民能在磨难中成长、从磨难中奋起，从胜利走向胜利，就在于中国共产党领导中国人民传承、发扬、光大了中华民族的伟大斗争精神，传承、发扬、光大了"下定决心，不怕牺牲，排除万难，去争取胜利"的英勇奋斗的革命精神。

有句话说得好：哪有什么岁月静好，只不过是有人替你负重前行。支撑负重前行、勇往直前者的精神动力是其内心的奉献意识、担当精神。而这种奉献意识、担当精神是中华民族重整体利益、强调责任奉献的优秀传统文化在个人心中的积淀，是中国共产党为人民、为民族、为国家勇于牺牲奉献革命精神的内化。

古人所说的"先天下之忧而忧，后天下之乐而乐"的政治抱负，"位卑未敢忘忧国""苟利国家生死以，岂因祸福避趋之"的报国情怀，"富贵不能淫，贫贱不能移，威武不能屈"的浩然正气，"人生自古谁无死，留取丹心照汗青""鞠躬尽瘁，死而后已"的献身精神等，都体现了中华民族的优秀传统文化和民族精神。

中华民族重视整体利益、强调责任奉献的精神为中国共产党所继承、发扬、光大，并形成了中国革命精神。中国共产党以全心全意为人民服务为宗旨，将为中国人民谋幸福、为中华民族谋复兴作为初心和使命。中国共产党牢记初心和使命，践行目标宗旨，带领人民在前进的路上有效应对重大挑战、抵御重大风险、克服重大阻力、解决重大矛盾。"我来之前偷偷写了遗嘱，如果我有个万一，就让我儿子向着武汉的方向磕个头就行，不用为我难过。"这是一位援建武汉火神山医院的山东建筑工人临行前的安排。由此，我们看到舍生取义的中华民族精神，看到"下定决心，不怕牺牲，排除万难，去争取胜利"的中国革命精神。

世界卫生组织总干事高级顾问布鲁斯·艾尔沃德如此感慨："最让我震撼的是，每一个中国人都有很强烈的责任担当和奉献精神，愿意为抗击疫情做出贡献。"每一个中国人何以如此？就是因为每一个中国人身上流淌着祖先的血，遗传了祖先的基因，传承了祖先的精神，凝聚了革命的精神！

35

"山川异域，风月同天"

人类只有一个地球，各国共处一个世界。病毒没有国界，疫病不分种族。这个时代，世界各国互相联系、相互依存的程度空前加深，人类生活在同一个地球村里，生活在历史和现实交汇的同一个时空里，越来越成为你中有我、我中有你的命运共同体。

在抗击新冠肺炎疫情期间，中国人民和世界各国人民勇敢前行，守望相助，风雨同舟，团结合作，写下了很多动人的故事。

在中国抗击疫情最紧急的时刻，世界各国政府和人民、国际组织纷纷以不同方式支援中国，送来温暖，表达善意，向中国人民送来了全世界的爱。

在中国人民抗击疫情因紧张而需要心理慰藉和精神支持的时刻，有170多个国家领导人、50多个国际和地区组织负责人、300多个外国政党和政治组织向中方表示慰问和支持。

在抗击疫情初期医疗物资紧缺的时刻，77 个国家和 12 个国际组织为中国人民抗疫斗争提供捐赠，包括医用口罩、防护服、护目镜、呼吸机等急用医疗物资和设备。84 个国家的地方政府、企业、民间机构、人士向中国提供了物资捐赠。金砖国家新开发银行、亚洲基础设施投资银行分别向中国提供 70 亿、24.85 亿元人民币的紧急贷款，世界银行、亚洲开发银行向中国提供国家公共卫生应急管理体系建设等贷款支持。

俄罗斯、白俄罗斯等国第一时间派专机将急需的医疗物资送抵武汉，英国、德国飞抵武汉的撤侨包机上装载着医疗物资。被中国人民亲切地称为"巴铁"的巴基斯坦及时送来了自己储备的几乎全部口罩。

柬埔寨首相洪森、蒙古国总统巴特图勒嘎、巴基斯坦总统阿尔维先后访华，表达了对中国政府和人民抗击疫情真诚坚定的支持。

赤道几内亚位于非洲中西部，国土面积只有 2.8 万余平方千米，人口只有 130 万。中国发生新冠肺炎疫情后不久，赤道几内亚就捐款 200 万美元支持中国抗击疫情。

蒙古国是一个拥有 330 万人口的发展中国家。疫情出现后，蒙古国政府第一时间向中国提供了约 140 万元人民币资金支持。蒙古国在国内发起"永久的邻居·暖心支持"行动，据不完全统计，蒙古国社会各界募集的善款达近 500 万元人民币。蒙古国还向中国赠送 3 万只羊，以表达蒙古国人民的心意。

世界各国人民还以其他方式向中国人民表达祝愿:日本松山芭蕾舞团唱响了中国国歌;斯里兰卡数百万民众为中国人民诵经祝福。在日本向中国捐赠的口罩、防护服等医疗物资上,有这样美好的诗句:"山川异域,风月同天""岂曰无衣,与子同裳""辽河雪融,富山花开;同气连枝,共盼春来"。

国际社会对中国抗击疫情的支持体现了什么精神?是国际主义精神、人道主义精神。"投我以木桃,报之以琼瑶。"这是中国最早的诗歌总集《诗经》中的一句诗。中华民族是感恩的民族,中国人民是礼尚往来的人民,中国是具有国际主义精神、人道主义精神的国家。中国人民将国际社会的援助、支持、祝愿铭记在心。新冠肺炎疫情在全球多点暴发后,中国在自身疫情防治任务还特别艰巨的情况下,尽己所能为有需要的国家提供帮助,中国的中央政府、地方政府、企业、民间机构、个人以多种方式感恩、回报、支持国际社会抗击疫情的斗争:

哀悼、慰问和祝愿。习近平主席通过电话、慰问电、致信、参加国际会议等形式,向因新冠肺炎疫情不幸罹难者表示哀悼!向他们的家属表示慰问![①]习近平主席同近 50 位外国领导人及国际组织负责人通话或见面,向 10 多个国家领导人和区域组织负责人致慰问电,表达谢意与支持,倡议团结与合作,提出中国倡议、分享中国方案,向世界传递中国同国际社会同舟共济、

---

① 习近平:《团结合作战胜疫情 共同构建人类卫生健康共同体——在第 73 届世界卫生大会视频会议开幕式上的致辞》,《人民日报》,2020 年 5 月 19 日。

共渡难关的真诚意愿。①

及时发布通报疫情信息。中国始终本着公开、透明、负责任的态度,及时向世界卫生组织及国际社会通报疫情信息。早在 2020 年 1 月 3 日,我国就向世界卫生组织通报病例,世界卫生组织第一时间向全世界发布了信息。我国定期向世界卫生组织、包括美国在内的国家和地区,主动通报疫情信息,与其他受疫情影响的国家一道,参加《国际卫生条例》突发事件委员会会议,分享疫情信息,进行科学研判。我国欢迎世界卫生组织参与中国疫情防控工作,安排美国等 8 个国家和世界卫生组织的联合考察组进行考察调研。

分享疫情防控经验和诊疗方案。我国科研人员快速分离鉴定出病毒毒株,第一时间与全球共享病毒全基因组序列信息。我国毫无保留地同各方分享防控和救治经验,不断完善诊疗方案,将多语种的"国家版"诊疗方案、防控方案等一整套技术文件及时分享给 180 个国家、10 多个国际和地区组织,为其他国家制定疫情防控策略提供重要参考。我国与国际社会一道开展患者诊断、疫苗研发、药品研发等合作攻关,搭建"防控新冠肺炎科研成果共享交流平台",为全球科研人员发布成果、参与研讨服务。与世界卫生组织举办分享中国经验国际通报会,同170 多个国家召开卫生专家专题视频交流会,交流防疫经验。

---

① 《凝聚全球战"疫"的强大合力》,《求是》,2020 年第 12 期;《同舟共济 携手战"疫"——中国抗疫命运与共的生动实践》,人民网。

派出医疗专家组和医疗队，关心在华外国人士。截至2020年5月31日，中国共向27个国家派出29支医疗专家组，指导长期派驻在56个国家的援外医疗队协助驻在国开展疫情防控工作，向驻在国民众和华侨华人提供技术咨询和健康教育，举办线上线下培训400余场。中国政府始终关心在华外国人士的生命安全和身体健康，对于感染新冠肺炎的外国人士一视同仁，及时进行救治。

捐款和捐赠医疗物资。中国先后两次向世界卫生组织捐款5000万美元，向近150个国家和4个国际组织提供急需的检测试剂、口罩、防护服、护目镜、呼吸机等抗疫物资援助；中国已向50多个非洲国家和非盟交付了大量医疗援助物资。中国地方政府、企业和民间机构、个人通过各种渠道，向150多个国家、地区和国际组织捐赠抗疫物资。

有序开展防疫物资出口。大疫当前，世界各国医疗物资稀缺，越来越多的人把目光投向中国。我国政府为防疫物资生产、出口"开绿灯"。从政府兜底采购收储多生产的医疗物资，到企业跨界转产当日可办理生产许可证，再到鼓励国内防护服生产企业对接国外需要、按相应标准规范生产出口，中国正为国际社会提供更多的防疫物资。"中国邮包"火速派发全球，"中国制造"为全球疫情防控注入源源不断的动力。2020年3月1日至5月31日，中国向200个国家和地区出口防疫物资，其中，口罩706亿只，防护服3.4亿套，护目镜1.15亿个，呼吸机9.67万台，检测试剂盒2.25

亿人份，红外线测温仪 4029 万台，有力支持了相关国家疫情防控。2020 年 1 月至 4 月，中欧班列开行数量和发送货物量同比分别增长 24% 和 27%，累计运送抗疫物资 66 万件，为维持国际产业链和供应链畅通、保障抗疫物资运输发挥了重要作用。

80 多年前，南京人民受到日本入侵与野蛮屠杀，有 30 多万南京人民不幸遇难。其间，有一位叫约翰·拉贝的德国人挺身而出，与多位国际友人奔走，组建了"南京安全区"，收留和拯救了约 25 万中国人。著名的《拉贝日记》，记录和见证了中国人民遭受苦难的细节。约翰·拉贝是一位让每一个中国人感念、不能忘却的德国友人。

在德国疫情紧张、医疗物资严重不足的时刻，约翰·拉贝的后人托马斯·拉贝医生最先想到向中国求助，他说："相信中国人民一定会帮助我们。"

滴水之恩，当涌泉相报。收到托马斯·拉贝的紧急求助，南京、浙江等地有关部门、单位立即向德国组织、发送药品、防护服、口罩等物资。发往德国的医疗物资上有这样一句德国谚语："山和山不相遇，人和人要相逢。"

在世界各国共同抗击疫情的过程中，以美国国务卿蓬佩奥为代表的一些美国政客极尽抹黑、攻击中国之能事，中国在有力地回击蓬佩奥等政客言论的同时，把美国人民与蓬佩奥等美国政客区别开来，本着国际主义精神和人道主义精神，为美国人民抗击疫情提供多种形式的支持。

2020 年 5 月 24 日，国务委员兼外交部部长王毅在"两会"期间答记者问时指出："新冠肺炎疫情是中美两国的共同敌人。"①相互支持帮助是两国人民的共同心愿。疫情之初，美国很多社团、企业和民众向中国伸出援手。在美国陷入疫情后，中国政府、地方和各界人士也积极回报，向美方捐赠了大量急需的医疗物资。

2020 年 5 月 18 日，在第 73 届世界卫生大会视频会议开幕式上，习近平主席致辞强调，中国始终秉持构建人类命运共同体理念，既对本国人民生命安全和身体健康负责，也对全球公共卫生事业尽责。为推进全球抗疫合作，习近平宣布：

——中国将在两年内提供 20 亿美元国际援助，用于支持受疫情影响的国家特别是发展中国家抗疫斗争以及经济社会恢复发展。

——中国将同联合国合作，在华设立全球人道主义应急仓库和枢纽，努力确保抗疫物资供应链，并建立运输和清关绿色通道。

——中国将建立 30 个中非对口医院合作机制，加快建设非洲疾控中心总部，助力非洲提升疾病防控能力。

——中国新冠疫苗研发完成并投入使用后，将作为全球公共产品，为实现疫苗在发展中国家的可及性和可担负性做出中国贡献。

——中国将同二十国集团成员一道落实《暂缓最贫困国家债

---

① 《王毅在十三届全国人大三次会议举行的视频记者会上就中国外交政策和对外关系回答中外记者提问》，《人民日报》，2020 年 5 月 25 日。

务偿付倡议》，并愿同国际社会一道，加大对疫情特别重、压力特别大的国家的支持力度，帮助其克服当前困难。①

中国对国际社会抗击疫情的大国担当，并不只是出于对国际社会帮助中国抗击疫情的回报。

儒家思想是中华文明的重要组成部分。儒家倡导"大道之行也，天下为公"，主张"协和万邦，和衷共济，四海一家"。"穷则独善其身，达则兼济天下。"这是中华民族始终崇尚的品德和胸怀。"国不以利为利，以义为利也。"中华民族历来主张"君子义以为质"，强调"不义而富且贵，于我如浮云"。

中国人是讲爱国主义的，同时又是具有国际视野和国际胸怀的。中国人民不仅要自己过上好日子，还追求天下大同。当代中国继承中华民族优良传统，践行构建人类命运共同体的理念，在国际合作中，注重利，更注重义。随着国力不断增强，中国将在力所能及的范围内承担更多国际责任和义务，为人类和平与发展的崇高事业做出更大贡献。

中国在国际社会抗击疫情中的勇敢担当，是对"天下为公""协和万邦""兼善天下""义以为质"等中华优秀传统文化精神的当代传承，是 21 世纪中国构建人类命运共同体的具体实践。

---

① 习近平：《团结合作战胜疫情 共同构建人类卫生健康共同体——在第 73 届世界卫生大会视频会议开幕式上的致辞》，《人民日报》，2020 年 5 月 19 日。

36

中国终结"历史终结"

历史从过去走来、向未来走去，怎么还会有"历史终结"呢？谁说的"历史终结"？"历史终结"到底是什么？中国又是如何终结"历史终结"的呢？

"历史终结论"是西方政治势力长期以来故意渲染的一种新自由主义思潮。其缘起于日裔美国学者弗朗西斯·福山在冷战末期撰写的一篇文章《历史的终结？》（1989）和一本书《历史的终结和最后的人》（1992）。概括起来，福山的观点可被理解为：西方政治制度和经济制度已经是人类社会的发展高峰，是"普世"的。因此，历史就终结了！苏东剧变和冷战的结束更被西方认为是对福山理论的力证。冷战结束后的30年，西方陷入"制度输出"的狂欢。

对于中国，西方在20世纪90年代初以来，一方面，普遍认为社会主义中国不可能生存下来，因为比当时中国强大得多的苏联都解体了,这可以被理解为"中国崩溃论";另一方面,面对中国特色社会主义发展的现实,反复向外界暗示中国的发展是"逆历史潮流而动的",是对"真理"的挑战,这可以被理解为"中国威胁论"。这二者作为"历史终结论"的两种表现,更为大家所熟悉。

那么我们又该如何理解"'历史终结'的终结"呢?

一句话,中国特色社会主义的蓬勃发展从理论和实践两个层面证伪了福山的理论,从历史和现实两个维度粉碎了"历史终结论"对中国的一切"预言"。

在"历史终结"之声甚嚣尘上之时,以中国共产党人为代表的中国人民,并没有停下建设中国特色社会主义的脚步。在科学回答了"什么是社会主义""怎样建设社会主义""什么是社会主义的本质"等一系列重大命题后,中国以"一百年不动摇"的坚定信念进入"新阶段"。社会主义市场经济体制让中国社会焕发出勃勃生机,中国不仅没有崩溃,反而在中国共产党的领导下连续跨越世纪之交的艰难考验——特大洪水、亚洲金融危机和"非典",逐步成长为"世界工厂"。中国特色社会主义的跨世纪发展让"历史终结"的荒谬暴露出来,再一次粉碎了西方的预言。这是中国科学社会主义运动在历史之维对"历史终结论"的痛击。但福山和他的"粉丝"仍偏执地认为,中国特色社会主义市场经济的发展是自由市场经济的胜利,而全然不顾二者在基本经济制度和价值取向上的本质区别。

进入 21 世纪第二个十年，新自由主义终于感受到"狂欢"的后遗症。伊拉克战争、反恐战争、颜色革命搞乱了世界，也在反复削弱西方长期以来控制世界的根基。忽略发展的"政治正确"不仅让太多的发展中国家陷入停滞或动荡，更让西方内部的基本矛盾不断尖锐。反观我国，十年间，"世界工厂"的地位不断巩固，全面小康即将实现，人民获得感明显增强，国际贡献显著提高。中国特色社会主义不仅让国人免遭华尔街转嫁危机，更让中国走进"新时代"。中国正从实践上为全世界谋求发展的广大发展中国家提供一种非西方的理论和经验。伴随着中国的发展，接踵而至的仍是"新殖民主义""债务陷阱""区域霸权"的"中国威胁论"，但日子好了，更多的国人相信那是"真实的谎言"。这可以被视为中国特色社会主义从历史之维对"历史终结论"的第二波打击。不过，"福山们"却更愿意认为国人的态度源自"历史落差"（中国过去太穷），他们强辩道，"发展的获得感"不能替代"价值的满足感"——"你比过去好、比我富（规模），但不代表比我强（质量）、比我文明"。

进入新时代，中国特色社会主义取得了一系列历史性成就，正健步踏上实现民族伟大复兴的新征程，自信迎接"百年未有之大变局"的一切挑战，为实现"两个一百年"奋斗目标而不懈努力。为遏制中华民族伟大复兴对自身既得利益的冲击，以美国为首的西方早已"明火执仗""暗箭伤人"相结合，用"五眼联盟""印太战略"扰乱香港、纵容台独，摆出一副"保卫地球"的架势。

然而自 2020 年 1 月以来，人类迎来二战以后最大规模的公共卫生危机。面对全人类真正的敌人——新型冠状病毒，西方从幸灾乐祸、落井下石到自乱阵脚、进退失据，再到指鹿为马、颠倒黑白，将西方社会的种族偏见、制度偏见、文化偏见展现在包括中国人民在内的世人面前。当政客的无知、资本的无情、制度的无能与对科学的无视交织在一起的时候，福山也不得不承认他所谓的"人类高峰"出问题了。但为了证明中国还是没有西方好，他起初（2020 年 4 月 9 日）以人口规模不到中国5.8%的三个国家和地区——韩国、新加坡、中国台湾地区证明民主制度的防疫功效。同时，在美国的疫情失控问题上，福山更愿意将责任归于"特朗普意外"而不是"特朗普总统"，且绝口不提美国体制中"资本的傲慢""资本的残忍"和政治的虚伪。面对中国成为这场全球公共卫生危机中的"问题解决者"，福山再也无力为美国的诸多行为辩护，他不得不承认"当国际需要合作应对一场不区分国界的大流行时，美国连表面上的全球领导地位都已放弃"（2020 年 5 月 4 日）。西方丢掉了"保卫者"最后的"马甲"。无论如何操弄，"历史终结论"在中国人心里彻底终结了。

更多的谎言可能会继续蒙蔽西方民众，但绝无改变资本本性的可能，这就会让福山担心的"特朗普意外"和历史反复证明的周期性经济危机在未来交替出现。越修正越保守、越保守越脱离新生产力的发展要求，西方"历史的终结"会更快到来。

37

生于忧患　死于安乐

"立足最差情况，争取最好局面"，是中华民族千百年来形成的心理文化传统，也是中华民族在近百年奋斗史中立于不败之地的宝贵经验。"面对严峻复杂的国际疫情和世界经济形势，我们要坚持底线思维，做好较长时间应对外部环境变化的思想准备和工作准备。"①

令人担忧的内外压力

虽说"全脱钩"不会到来，但"硬脱钩"业已开始。"硬脱钩"是目前西方自认的遏制中国崛起的战略武器，主动权在他们手上。西方在"硬脱钩"涉及的领域（如金融、科技、专利、教育）尚处于显著的优势地位，未来卡脖子的情况会增多。在战略上完

---

① 习近平：《"三个坚持"坚强面对国际疫情和世界经济形势的严峻复杂》，新华社。

全孤立中国的"全脱钩"，在全球化时代，是绝对做不到的。但对于从事传统行业的部分普通民众和市场主体来说，考验已经到来。这部分存量经济要么是市场竞争力和效益有待提高的传统农业，要么是亟待转型的"技术、市场两头在外"的外贸加工业，要么是主要依赖国内消费的社会服务业，要么是很大程度上依赖西方输入的现代产业服务业。以前这些行业"升级的紧迫性"就大于"生存的紧迫性"，但得过且过的侥幸心理拖延了应有的改革。现在，"拖不下去了"，升级已不再是方向性问题，而是现实性问题，即生存问题。

忧患意识推动新中国一路前行

结合中国存量经济转型升级的压力和西方的对抗心理，我们说新征程是一条需要继续闯关夺隘的"长征路"绝不为过。新中国成立以来的历史反复印证了"人无远虑，必有近忧"的古训的当代价值。大家熟知的"两弹一星"作为我国国防科技发展的战略成果，就是在极端艰苦的历史条件下，从国家发展安全的战略全局出发，克服一切困难、未雨绸缪的结果。如果没有强烈的忧患意识，从一般的循序渐进的经济社会发展经验出发，20世纪60年代的中国将难以奠定国防安全的基石，立足于大国之列。如果中国没有战略核威慑，试想今日西方民粹主义的鼓噪是否会转化为新的"八国联军入侵"呢？与之相辅相成，"独立的工业体系和国民经济体系"是中国能够成为"世界工厂"的前提和物质基础。今天的中国人能做到"站着把钱赚了"而不是"跪着"或者无钱可赚，得益于老一辈革命家的战略远见、政治勇气和历史担当。

习近平新时代中国特色社会主义思想的理论与实践让我们在应对剧烈变化的新形势新问题时有了准备、有了底气、有了主动权。面对以"硬脱钩"为代表的内外风险，中国早已主动调整了过度依赖出口的经济结构(供给侧结构性改革)，主动培育了内生动力(新发展理念)，主动推进以"一带一路"为代表的区域经济体系，为应对复杂博弈落下"先手棋"。

个人应担负起自己的历史任务

对于一般群众而言，调整就业部门、提高个人就业能力是挑战提出的现实任务。虽说数量巨大的传统社会服务需求并不会消失，乡村振兴也不会停下脚步，制造业究竟能在多大程度上与中国脱钩更是存疑。但复工复产的过程性和国外经济的停摆都增添了民族复兴的复杂性。特别是事关制度、科技、金融等领域的产业服务业将在可能的"硬脱钩"中面临脱胎换骨的考验。因此，祛除改革创新中的形式主义已不仅是党的迫切任务，更是广大市场主体和社会成员的共同需要。学习型、创新型社会建设将成为国人面对现阶段内外新挑战时的"自己的事"。中国实现内生驱动的效率决定着其应对新挑战的成本，关系到全体国人的切身利益。因此，当今中国每一个爱国的社会成员都应主动承担自己的历史责任，未雨绸缪，打造中国社会进步的不竭动力。

38

化危为机谋发展

面对因疫情而加速到来的"百年未有之大变局"，是抓住机遇"做大蛋糕"，还是抱残守缺"保卫奶酪"，已经成为"后疫情时代"中西方在策略选择上的巨大分歧。西方世界已然开始专注于"存量竞争"，而中国却努力将"危机"转化为倒逼改革创新的"契机"，努力塑造一种"共赢"的"增量竞争"态势。

超前部署，放眼未来：中国打造民族复兴新基础

西方真的能通过制造"危机"实现遏制中国发展的目标吗？那他们一定不知道汉语对"危机"的诠释，蕴含有西方语言中"危险"和"机会"的双重含义。

面对全球疫情蔓延所带来的世界经济的停摆，甚至可能是罕见的萧条，中国人所表现出的定力和智慧不仅体现出中华文明深厚的历史积淀，更体现出以中国共产党人为代表的中华民

族的深邃战略眼光。面对别人的零和心态和疫情带来的客观困难，中国表现出"化危为机"的主动性和行动力。

"重点支持'两新一重'建设"，是中国应对挑战"做加法"的直接表现。科学总结抗疫期间的宝贵经验，抢抓第四次工业革命的先机，有效推动产业升级、培育新产业新业态，已经成为"十四五"规划的重要布局。在 2020 年的防疫阻击战中，"健康码"等数字化工具横空出世，极大提升了疫情防控效率。人们隔离在家，饿了可以打开外卖应用程序；不能出门逛街，可以网上购物；网络直播保证"停课不停学"；"云办公"新模式让人们在家开会、办公、定流程一样都不少；互联网医疗服务平台 7×24 小时接诊。这些不仅让中国的抗疫斗争效率倍增、让中国的基础设施优势充分展示，也坚定了中国坚持改革创新的信心。

"发展工业互联网，推进智能制造……电商网购、在线服务……要继续出台支持政策，全面推进'互联网+'，打造数字经济新优势。"①"要想富，先修路"，"新基建"就是工业 4.0 时代的发展之路。十三届全国人大三次会议《政府工作报告》明确指出，"加强新型基础设施建设，发展新一代信息网络，拓展 5G 应用，建设充电桩，推广新能源汽车，激发新消费需求、助力产业升级"。我们仅以"5G"建设为例，看看它的中长期效果："2020 年、2025 年和2030 年的直接产出经济效益分别是 4840

---

① 李克强：《政府工作报告——2020 年 5 月 22 日在第十三届全国人民代表大会第三次会议上》，《人民日报》，2020 年 5 月 30 日。

亿元、3.3 万亿元和 6.3 万亿元,间接产出经济效益则分别为 1.2
万亿元、6.3 万亿元、10.6 万亿元。"①可以说,"新基建"提速不仅
是应对经济下行压力、实施逆周期调节的有效手段,也是实现中
国经济转型升级、高质量发展的重要抓手,更是开启全面建设社
会主义现代化新征程、赢得科技竞争主动权的超前部署。面对
"受全球疫情冲击,世界经济严重衰退,产业链供应链循环受阻,
国际贸易投资萎缩,大宗商品市场动荡"的复杂经济局面,中国
是世界上少有的有能力以政府主导调动全社会力量布局未来长
期发展的国家。超前部署的远见与独特政治制度优势、雄厚的经
济基础、巨大的市场潜力和亿万人民的勤劳智慧共同构成了中
国在复杂局面下敢做"加法"、能做"加法"的实力。

释放潜力、激发动能:深化改革续力内生引擎

"发展环境越是严峻复杂,越要坚定不移深化改革",用改
革的办法走出一条有效应对冲击、实现良性循环的新路子。中
国四十多年改革开放的历史就是一部不断自我革命、自我完
善、自我发展的历史。中国也不存在属于既得利益的历史包
袱,中国追求的是以人民为中心的发展。中国人深知"百年未
有之大变局"下的全球化面临深刻调整,内生发展是未来推动
民族复兴的主动力。仅在 2020 年 5 月,中共中央、国务院连续

---

① 中国信息通信研究院（工业信息化部电信研究院）:《5G 经济社会影响白皮书
(2017 年 6 月)》,中国信通院官网。

发布《中共中央 国务院关于新时代推进西部大开发形成新格局的指导意见》和《中共中央 国务院关于新时代加快完善社会主义市场经济体制的意见》两份重磅文件,为推动区域协调发展、高质量发展、调动国内积极因素,提供重要体制保障和动力支撑。这说明,中国应对复杂挑战时,不仅有足够的战略纵深,还具有巨大的战略潜力,并且具备强大的战略定力。而此前中央深改委第十三次会议再次强调的"要从体制机制上增强科技创新和应急应变能力"、加快构建关键核心技术攻关的新型举国体制、"提升科技创新体系化能力","创新科技成果转化机制,打通产学研创新链、产业链、价值链"的意见,抓住了新工业革命时代中国发展的"第一生产力",向妄图绞杀中国升级转型的西方势力表明了中国建设社会主义现代化国家的决心。

扩大开放、拥抱世界:中国携手发展的外部动力

全面深化改革是"做加法",坚定扩大开放也是"做加法"。习近平总书记在参加全国政协十三届三次会议经济界联组会时指出:"现在国际上保护主义思潮上升,但我们要站在历史正确的一边,坚持多边主义和国际关系民主化,以开放、合作、共赢胸怀谋划发展,坚定不移推动经济全球化朝着开放、包容、普惠、平衡、共赢的方向发展,推动建设开放型世界经济。"①

①《坚持用全面辩证长远眼光分析经济形势 努力在危机中育新机于变局中开新局》,《人民日报》,2020 年 5 月 24 日。

2020年的政府工作报告强调："面对外部环境变化,要坚定不移扩大对外开放,稳定产业链供应链,以开放促改革促发展"①,在全球新冠肺炎疫情蔓延、世界经济下行压力加大的形势下,再次发出中国坚定扩大开放、以开放促发展的决心。

从《中华人民共和国外商投资法》施行到构建更加完善的要素市场化配置体制机制,从取消合格境外机构投资者额度限制到筹办"网上广交会"、第三届"进博会",中国为"合作共赢"构筑制度基础、发展平台。可以说,当前的改革不仅是做增强内生动力的"加法",也是做坚定扩大开放的"加法"。当前的扩大开放是做中国发展的"加法",更是做世界发展的"加法"。"关起门来搞发展行不通……中国坚定不移走对外开放,这不会、也不可能改变我们会继续扩大和世界的合作,会自主出台更多扩大开放的措施。开放对人来说跟空气一样,须臾不可离,否则就窒息了。"②

面对世人显见的巨大挑战,以习近平同志为核心的党中央领导中国人民以"练内功""去壁垒"的战略智慧化危为机,将疫情和世情共振带来的新征程上的巨大挑战转化为推进全面深化改革、促进高质量发展的契机。我们要坚信,疫情无法阻挡中华民族追求伟大复兴的脚步。风雨过后,中国将以更伟岸的姿态屹立于世界民族之林。

① 李克强:《政府工作报告——2020年5月22日在第十三届全国人民代表大会第三次会议上》,《人民日报》,2020年5月30日。
② 《李克强总理出席记者会并回答中外记者提问》,《人民日报》,2020年5月29日。

39

推动构建人类命运共同体

"新冠肺炎疫情仍在全球肆虐,每天都有许多生命逝去。面对严重危机,人类又一次站在了何去何从的十字路口。"①这在事实上再次提出了大变局下"人类怎么办"的问题。

疫情:共同体理念的试金石

"新型冠状病毒肺炎是近百年来人类遭遇的影响范围最广的全球性大流行病,对全世界是一次严重危机和严峻考验。这是一场全人类与病毒的战争。"②不同制度、不同价值、不同国家、不同理念的不同表现,让疫情成为辨别人类社会不同发展理念优劣的试金石。

---

①②中华人民共和国国务院新闻办公室:《抗击新冠肺炎疫情的中国行动》(白皮书),中华人民共和国国务院新闻办公室官网。

疫情生动诠释了"命运共同体"的真实存在。面对前所未知、突如其来、来势汹汹的疫情天灾,人类生命安全和健康面临重大威胁。新型冠状病毒这一近百年来最狡猾的病毒杀手恶劣的传染性让全球化时代的人类社会面临严峻挑战。任何一国或地区都无法自我孤立或独善其身,病毒让"共同体"价值现实性地呈现在全人类面前。首当其冲的中国需要世界的帮助,目前的世界也需要中国履行"大国担当"的责任。虽然在人类抗疫的进程中充斥着不少刺耳的杂音和荒唐的闹剧,但人类社会守望相助的爱与善良仍在中外携手抗疫中凸显着人类命运共同体理念的现实意义。

抗疫生动诠释了"命运共同体"构建的客观需要。面对疫情,中国始终秉持人类命运共同体理念,肩负大国担当,同其他国家并肩作战、共克时艰。中国第一时间向国际社会通报疫情信息,毫无保留地同各方分享防控和救治经验。中国对疫情给各国人民带来的苦难感同身受,尽己所能向国际社会提供人道主义援助,支持全球抗击疫情。中国人以构建人类卫生健康共同体的实际行动彰显着构建人类命运共同体理念的世界价值。

合作共赢的中国智慧、中国方案

"中国对世界的影响,从未像今天这样全面、深刻、长远;世界对中国的关注,也从未像今天这样广泛、深切、聚焦。中国推动建设什么样的世界？发展起来的中国如何与世界相处？"①

　　为解决人类问题贡献中国智慧、提供中国方案。"中国特色社会主义拓展了发展中国家走向现代化的途径,为解决人类问题贡献了中国智慧、提供了中国方案。"②作为世界上最大的发展中国家,中国的发展是干出来的。对于中国这样一个有14亿多人口的大国,"好日子等不来、要不来,唯有奋斗,别无他路"。中国的发展,靠的是"8亿件衬衫换一架波音飞机"的实干精神;靠的是"自己的担子自己扛"的担当精神,靠的是"摸着石头过河"的探索精神。中国从未输出问题,从未转嫁矛盾,从未强买强卖、掠夺别国发展自己。不走帝国主义、殖民主义老路,不照搬西方国家发展模式,中国结合自身实际、总结经验教训、借鉴人类文明,敢闯敢试,走出一条自己的路。这对当今世界广大发展中国家具有强大的吸引力、感召力。中国方案让发展中国家跳出"西方模式"的窠臼,回归"发展才是硬道理"的根本诉求,扭住了广大发展中国家前途命运的"牛鼻子"。

　　中国欢迎世界搭乘中国发展的列车。当前,"失能、失愿"的传统大国常指责发展中国家"搭便车",借以推卸大国义务,转嫁全球治理责任。面对如此局面,中国始终秉持人类命运共同体理念,坚信"众人拾柴火焰高"。中国主动为发展中国家提供

---

① 中华人民共和国国务院新闻办公室：《新时代的中国与世界》(白皮书),中华人民共和国国务院新闻办公室官网。
② 《习近平谈治国理政》(第二卷),外文出版社,2017年,第62页。

共同发展的机遇和空间,"欢迎大家搭乘中国发展的列车,搭快车也好,搭便车也好,我们都欢迎,正所谓'独行快,众行远'"①。中国在与发展中国家开展合作的过程中,始终坚持正确义利观,不搞"中国优先",在具体工作中照顾发展中国家切身利益。"中国人历来讲求'一诺千金'。"②这与西方大国长期以来坚持的"资本逻辑"形成鲜明对比,体现着中国方案"兼济天下"、立足"共赢"的初衷。

中国发展是世界的红利。过去四十多年,对外开放激发了中国人民的创造热情,显著提升了中国的现代化建设水平。现在,中国的开放发展,为其他国家提供了广阔市场,为世界共同发展注入了动力。

中国开放投资与服务贸易,推动相关发展中国家经济增长和就业。"据世界银行研究报告,'一带一路'倡议将使相关国家760万人摆脱极端贫困、3200万人摆脱中度贫困,将使参与国贸易增长2.8%至9.7%、全球贸易增长1.7%至6.2%、全球收入增加0.7%至2.9%。"③

中国还长期致力于开展南南合作,向其他发展中国家提供不附加任何政治条件的援助,支持和帮助广大发展中国家特别

---

① 习近平:《守望相助,共创中蒙关系发展新时代——在蒙古国国家大呼拉尔的演讲》,新华网。
② 习近平:《中国人历来讲求'一诺千金'》,人民网。
③ 中华人民共和国国务院新闻办公室:《新时代的中国与世界》(白皮书),中华人民共和国国务院新闻办公室官网。

是最不发达国家消除贫困。中国开展对外援助 60 多年来,共向 166 个国家和国际组织提供近 4000 亿元人民币援助, 派遣 60 多万名援助人员,700 多人为他国发展献出了宝贵生命。据援助数据库(AidData)统计,从 2000 年到 2014 年之间,在 138 个国家和地区的 6000 多个地点, 中国资助或投资了 3400 个项目,总额达到了 2730 亿美元。其中,中国与非盟共同建设信息高速公路项目就是一个范例。这个项目可以把 48 个非洲国家的 82 个主要城市用高速光纤连接在一起, 到 2023 年上述地区将进入互联网时代。中国推动的基础设施建设不仅推进了当地的经济增长,而且促进了项目所在地周边的经济活动辐射。

人类命运共同体打造不一样的世界

人类命运共同体理念与建设实践是对西方资本主义模式的超越。中国推动人类命运共同体建设表明,发展起来的中国是持续推动人类社会公平、公正、共同发展的积极力量。中华民族正为突破当前世界发展困境开拓新路。

中国推动"合作共赢"的发展,超越西方"资本逻辑",践行"天下为公"。"中国愿同世界各国分享发展经验,但不会干涉他国内政,不会输出社会制度和发展模式,更不会强加于人。"①500 多年的西方中心史一再表明,资本主义虽然创造出远超过

①《习近平谈治国理政》(第二卷),外文出版社,2017 年,第 514 页。

去历史的物质精神财富,但资本主导的政治、经济活动始终致力于维护资本的优势地位。二战后的"民主化"浪潮和殖民主义一样将广大发展中国家和民族限制于世界资本主义体系之下。特别是冷战结束之后,西方国家的制度优越更甚,世界发展的红利被资本剥夺的程度不断加深,严重损害世界的公平、公正和共同发展。40多年来,中国在实现自身发展的同时,始终推动发展中国家在世界体系中的地位提升和能力升级,在实践上"以苍生为念,兼济天下",在道路模式上尊重"和而不同",在目标上谋求"合作共赢"。

中国推动"国际合作",超越"霸权主义",倡导"求同存异"。霸权主义是资本在全球治理上的策略选择,因为霸权最有利于降低资本控制世界的成本,最有利于发展成果排他性的独占。为此,冷战后美国主导的世界权力体系长期表现出"西方霸权"的一家独大,妄图构建"西方模式"下的单一世界。"百年未有之大变局"的到来,让世界看到"不同发展道路"提供的多样化发展范本,让霸权主义独占发展成果的能力相对降低。美国在全球治理中的"失愿"更多是"无利不起早"的直接表现。对多边体系的破坏和疫情发生以来的"硬脱钩"言行,充分暴露出西方特别是美国妄图维持"霸权"、遏制中国的企图,以及不惜以破坏全球治理、全球发展相要挟的丑态。人类命运共同体理念是中国迎难而上、构建新型国际关系、维护共同利益的努力。中国坚持认为,《巴黎气候变化协定》《核安全公约》

《不扩散核武器条约》等国际公约"符合世界各国利益,各缔约方都应严格履行,不能合则用、不合则弃"。就像习近平总书记说的那样,"不能一遇到风浪就退回到港湾中去,那是永远不能到达彼岸的"①。

中国推动"文明互鉴",超越"西方中心",倡导"美人之美,美美与共"。2020 年 5 月下旬以来,因美国警察暴力执法所引发的新一轮美国少数族裔抗争已经迅速演化为西方世界广泛的"反种族主义"运动。长期的"种族优越"让部分西方政客对其内部少数族裔发展难题视而不见,甚至将有色人种的发展劣势视为理所当然。"文化优越"又在思想上巩固了种族歧视政策。"我不能呼吸""眼球换检测"处处表明"种族隔离"远没有消亡,处处印证着西方漠视亚非拉族裔发展诉求的深层次文化心理。中华文明从来没有"种族优越"的历史传统,也没有殖民主义的历史包袱。相反,中国对广大发展中国家的历史遭遇、对亚非拉人民和西方国家中的少数族群的际遇感同身受。"美人之美,美美与共"不仅是中华民族对世界不同文明的包容态度,更是中国能够扎实推动人类命运共同体建设的文化起点。"认为自己的人种和文明高人一等,执意改造甚至取代其他文明,在认识上是愚蠢的,在做法上是灾难性的!如果人类文明变得只有一个色调、一个模式了,那这个世界就太单调了,也太无趣了!

① 习近平:《在世界经济论坛 2017 年年会开幕式上的主旨演讲》,《人民日报》,2017 年 1 月 18 日。

我们应该秉持平等和尊重,摒弃傲慢和偏见,加深对自身文明和其他文明差异性的认知,推动不同文明交流对话、和谐共生。"①

　　人类命运共同体理念是中华文明优秀历史传统的继承与发展，是科学社会主义为克服资本主义发展困局提供的中国方案。变革几个世纪以来资本主导的世界体系,挣脱西方话语的思想束缚，都决定了实践人类命运共同体理念的事业的复杂性。"用进步代替落后、用福祉消除灾祸、用文明化解野蛮是历史大趋势,是人类文明进步的道义所在。"② "'大道之行也,天下为公。'和平、发展、公平、正义、民主、自由,是全人类的共同价值,也是联合国的崇高目标。目标远未完成,我们仍须努力。"③

---

① 习近平:《深化文明交流互鉴 共建亚洲命运共同体——在亚洲文明对话大会开幕式上的主旨演讲》,《人民日报》,2019 年 5 月 16 日。
② 中华人民共和国国务院新闻办公室:《新时代的中国与世界》(白皮书),中华人民共和国国务院新闻办公室官网。
③《习近平谈治国理政》(第二卷),外文出版社,2017 年,第 522 页。

40

在大变局中走向伟大复兴

中华民族的伟大复兴与"百年未有之大变局"是一个对立统一的过程。用通俗的话讲，就是中华民族"富起来"推动了当今世界的深刻变化，但要"强起来"，就必须把握战略机遇期。然而，疫情的全球蔓延、西方的对抗心理、国外防疫长期化、国内防控常态化，使部分群众担心民族复兴任务的完成会受到重大影响。在此，让我们在中外对比中看一看，除了"化危为机"的举措，中华民族还有哪些在"大变局"中走向伟大复兴的能力和优势。

向前看：面对大变局的积极心态

用"向前看"克服西方"向后看"的挑战是处于上升期的中华民族在心态上与守成大国的最大区别。这不是简单的革命乐观主义，这份从容是面对世界发展趋势的强大自信和对伟大复兴复杂性的充分认识的体现。

面对二战以来这场最严重的全球公共卫生事件和西方自身的糟糕表现,西方部分政客如基辛格、斯蒂格利茨、约翰·艾伦,纷纷痛心疾首于西方优越地位的丧失。与此同时,特朗普、蓬佩奥之流却愿意将注意力集中于一己私利,或选举的,或经济的。他们故意渲染疫情扩散是医学上的必然、制度上的意外,忽悠群众、透过塞责。面对政府和市场的双重失灵,无论是战略家还是政客,他们的选择是一致的,即决不能让中国成为模范和榜样。为此,他们表现出不惜代价的决心:战略家和知识分子将矛头对准了自己长期推崇或纵容的新自由主义,呼吁政府回归;政治精英则煽动民粹,以必欲掀起一场"新冷战"的架势,用"制度对抗"替代"制度反思";在操控民粹和政治正确后,资本也作好放弃在华长期利益的准备,极力压制中国牵头的世界经济维稳,继续垄断对世界政治经济体系的主导权。总之,以美国为首的西方国家已经开始利用现有资本、技术、规则、体系甚至话语优势来塑造有利于自己的"存量竞争"态势。但无论他们在技术层面作出多少修正,只要不触及马克思主义所揭示的资本主义基本矛盾,那么西方进行再多的修正也注定是"倒退的",而不是具有进步意义的"向前看"。

从中国当前所采取的应对步骤看,在国际抗疫尚在进行时的情况下,中国立足于自身经验、承担大国义务、积极协调资源,着力解决全球抗疫的实际问题;面对未来的复杂内外形势,中国统筹内外两个大局,依靠全面深化改革达成克服结构障碍、推进国家治理体系和治理能力现代化、实现高质量发展普惠发展的目标,身体力行"为民族谋复兴、为人民谋幸福、为世界谋大同"。这是一种"向前看"的、推动"自我完善"的战略,与西方"向后看"、妄图回到过去的战略截然不同。

相信"公道自在人心"的文化传统给予了中国足够的战略自信和"兼济天下"的实践勇气,中国愿意"向前看"。虽然"做得多"在西方国家眼中是中国在乘机扩大世界影响力,形成了对产业空心化的西方的战略威胁。但无论别人说什么,中国仍不断加大对世界卫生组织和其他区域组织、国家、地区的物质和技术支持,持续保障医疗物资的产业链平稳运行和医疗物资供给,以自身的实际行动维护世界经济稳定,以积极作为回应"污名化"带来的恶劣影响。从中长期看,这都是中华民族实现伟大复兴的"正道"。

向前进:面对大变局的战略定力和动能

"向前看"的目的是"向前进"。改革开放 40 多年,中国人民充分认识到,发展才是硬道理,发展是解决中国面对的诸多问题的根本途径。在新时代,习近平新时代中国特色社会主义思想开创了中国发展的新境界。作为世界上最大的发展中国家,发展是中华民族实现伟大复兴的第一要务。因此,中国必须"向前进"。

　　中国的社会主义发展从来无惧"逆水行舟"。新中国现代化历程多次遭遇"硬脱钩"，仍接续前进、创造辉煌。新中国成立伊始，社会主义工业化启动前，以美国为首的资本主义阵营就与新生的中华人民共和国有过一次彻底的"硬脱钩"，并预言共产党无法养活中国人。正因如此，中国才更加坚定地走上了社会主义道路。依靠以苏联为首的社会主义阵营的支持帮助和全体人民的不懈努力，中国终于在近代化开启近百年后启动了一个落后农业国的工业化进程。然而到20世纪50年代末，中苏关系恶化让中国在工业化尚未完全展开之时面临了一次与世界两大阵营同时"脱钩"的局面。就是在这样一种情况下，中国人民通过自力更生、艰苦奋斗，建立起独立的工业体系和国民经济体系，为后来的改革开放打造了经济骨架、奠定了物质基础。

　　改革开放以来，我国高度重视来之不易的战略机遇期，一心一意谋发展。然而即便是最近四十多年来，始于1949年的对华战略禁运仍未取消，而且中国还曾遭遇以美国为首的西方国家的再次"硬脱钩"——20世纪90年代前期的"制裁"。彼时的中国人民基于"落后就要挨打"的历史教训，基于"发展才是硬道理"的实践认识，并没有因此停下发展的脚步，而是开启了中国特色社会主义发展的新阶段，并实现了中国特色社会主义的跨世纪发展和21世纪接续发展，也成就了今日的"世界工厂"。因此，近年来西方愈演愈烈的"硬脱钩"言行，已经是中华人民共和国成立以来面临的第四次所谓"硬脱钩"威胁(未必成型)。它既非空前亦非绝后,不足为奇。

"百年未有之大变局"的确带来一些"具有新的历史特点"的新问题、新挑战,但作为后发国家的中国具有美欧不具备的内部发展需求,加之今天中国应对外部挑战的能力早已今非昔比,所谓的新一轮"硬脱钩"并不能阻止我们的步伐。从内部潜力来看,中国人民要过好日子的共同心愿是支撑中国追求发展的不竭动力。解决"不平衡不充分发展"的问题将成为今后一个时期内拉动中国发展的强劲引擎。"中国是一个人口众多的发展中国家,我们人均年收入(可支配收入)是3万元人民币,但是有6亿人每个月的收入也就1000元,1000元在一个中等城市可能租房都困难,现在又碰到疫情,疫情过后民生为要。"①解决民生问题绝不仅仅是中国当前面临的战略课题,它将成为中长期内国家发展的内部潜力。我们可以通过一个简单的计算来发现这个需求拉动发展的能力。

到2020年底,我国将彻底告别绝对贫困。按国家扶贫办公布的标准,最后脱贫的500万困难群众也应该属于上述6亿人均月收入1000元或以下的部分。我们以6亿人口进行估算,他们目前的人均年可支配收入为12000元左右,与全国平均水平30733元相差60%以上,与人均可支配收入的中位数26523元

---

① 《李克强总理出席记者会并回答中外记者提问》,《人民日报》,2020年5月29日。

也相差近 55%；以静态计算，如果这部分群众能在共享发展中逐步达到当前全国中位数水平，则这部分群众当年可支配收入较现有水平增加 8.7 万亿元以上，以 2019 年比例计算则当年的 GDP 规模将增加 20 万亿元以上（相当于 2019 年世界第十大经济体加拿大经济规模的 1.47 倍）。可以说，作为中国战略腹地，那里不仅有中国广阔的疆域，更有亿万为美好生活打拼的勤劳的中国人民。

有"旗手"：应对大变局的组织保证

无论是"向前看"还是"向前进"，都少不了一个社会领导力量的作用。"我国疫情防控和复工复产之所以能够有力推进，根本原因是党的领导和我国社会主义制度的优势发挥了无可比拟的重要作用。"

中国共产党是最有能力的旗手。全球抗疫实践是一场生动的社会实践课，让国人更加确信自己的道路、制度、理论、文化的优势。而领导建设这一切的是中国共产党。此次疫情暴发前，受到基本国情的限制，中国医疗卫生事业的发展水平与发达国家相比仍处劣势［据权威医学期刊《柳叶刀》2018 年发布的"全球医疗质量和可及性（HAQ）排名"，中国在全球 195 个国家和地区中位列第 48 位］，特别是人均公共卫生资源不仅存在一定程度的总量不足，而且在分布上长期处于不平衡状态。然而，以每百万人死亡人数计算，全球 HAQ 指数排名第 29 位的美国，截至 2020 年 5 月底，其每百万人在新冠肺炎疫情中的死亡人数接近中国的 96 倍；欧盟的每百万人死亡人数是中国的 80 倍以上。面对如此夸张的数据对比，抛开发达国家的"自以为是"，其执政党和政府的社会治理能力与中国共产党、中国政府相比也是高下立判。再结合中国 70 多年国内经济社会发展的成就和推动世界繁荣稳定的国际贡献，中国共产党作为世界第一大政党的执政能力毋庸置疑。

中国共产党是具有坚强意志的旗手。如果说防疫、脱贫、复产三战齐打是对中国共产党组织领导力的最直接的考察，那么近年来，以中美贸易摩擦为代表的复杂国际形势与国家发展任务的交织则是对中国共产党战略定力的"大考"。如何在维护国家发展核心利益和"有理、有利、有节"的博弈中实现平衡，始终考验着中国共产党和执政团队的战略意志力。经过长达 23 个月、共 13 轮的高级别谈判，中国并未屈服于美国，"第一阶段协议"为管控分歧、以时间换空间、为长期作战作好战略储备。面对近来美方在高科技研究和高技术应用领域的频频动作，中国坚持"构建社会主义市场经济条件下关键核心技术攻关新型举国体制"、以制度创新应对风险挑战的战略没有动摇，实现"两个一百年"奋斗目标的战略决心没有动摇。习近平总书记强调："发展环境越是严峻复杂，越要坚定不移深化改革"，要"善于运用制度优势应对风险挑战冲击。"[1]近年来的大

---

① 《深化改革健全制度完善治理体系 善于运用制度优势应对风险挑战冲击》，《人民日报》，2020 年 4 月 28 日。

国博弈让中国人民更加明白,在中国共产党的领导下,只要不犯颠覆性错误,任何人、任何势力都难以撼动中华民族伟大复兴的既定目标。

中国共产党是最具人民性的旗手。能否代表最广大人民的根本利益是检验马克思主义政党是否合格的重要标准。究竟是以人民福祉和生命安全为第一还是以一党之政治私利为第一,成为中外抗疫"大考"中各国执政者行动效率、效果的分水岭。欧美各国充满魔幻现实主义的资本优先(或曰经济优先)和疫情防控中"群体免疫"的尴尬闹剧,与中国的"生命第一""人民战争"形成巨大反差。在行动上,没有谁可以像中国共产党一样有效调动群众力量,形成全覆盖的社会合力。疫情过后,中国人民与党的情感更加紧密,中国共产党再次证明自己是当今世界其他政党不可比拟的最具人民性的政治领导力量。

中国共产党是最有主动性、规划性的学习型政党。在过去70多年里,中国共产党是富于主动性和计划性的,先后制定13个"五年(计划)规划",还有步骤地推动区域协调发展。在过去70多年里,中国实际上完成了对人类迄今为止三次工业革命全部成果的系统学习和产业实践,并在第四次工业革命拉开帷幕之时立于潮头。中国共产党人也实实在在地学习了领导现代化建设的各种本领,并出色地完成了领导任务。在以人工智能、新材料、新能源技术为代表的新工业革命中,中国事实上已经处于与美国并列的第一方阵。这是未来中华民族实现伟大复兴的现实基础。

　　"代表先进生产力的发展要求"是中国共产党超越同时代各国政党的一大显著优势。中国共产党的历史不断告诉世人，她不仅有政治、思想、组织、作风、纪律优势，她还有人才优势、发展优势。中国共产党人"学习学习再学习"的优良传统，不同于某些国家领导阶层"我最懂了"的营销哲学，它体现的是学习型政党的理论自觉和服务型政党的"初心"不易。

后　记

　　"小朋友,你是否有很多问号?"这句最近走红的老歌词,可能正是很多青年朋友面对新冠肺炎疫情的内心写照。

　　自疫情暴发以来,国内国际形势发生了深刻变化,我们的生活工作学习也受到了巨大影响。在开展线上思政课教学的过程中,教师们普遍感受到青年学生的思想动态与疫情发展紧密相连,"方方日记"、李文亮、中美体制对比等热门话题引发了大家深入思考和热烈讨论,也伴随着产生了很多疑问困惑。

　　当前,疫情仍在全球持续蔓延,累计感染人数已经超过两千万。面对这场复杂严峻的大战大考,中国人民已经用决心、团结、智慧交出了一份优秀答卷。而全球经济和科技实力最强、医疗资源最丰富的美国,却因为在应对疫情上的自利短见、任性低效和不负责任,成为全球疫情最严重的国家。但是美国某些政客却罔顾基本事实和道德底线,抛出"武汉病毒论"

"中国制造论""中国隐瞒论""中国赔偿论""疫情外交论"等各种荒谬言论，恶意"甩锅"抹黑中国，企图混淆视听、转嫁矛盾，以维护自身政治利益和国际霸权。

作为天津高校思想政治理论课教师，我们深感有责任帮助人们拨开重重迷雾、看清事实真相，并看懂背后的逻辑，读懂真正的中国。为此，我们8位从事思政课一线教学的青年教师聚在一起，共同撰写了这本《疫情里读懂中国》。本书内容涵盖领袖、政党、制度、人民、英雄、文化、未来等不同视角，由南开大学宋成剑、孙海东、马梦菲，天津师范大学吴建永、刘慧、李思聪、王雪超，天津科技大学李楠共同执笔，并以"金思政"为笔名呈现给大家。

本书在写作出版的过程中，得到了天津市委常委、市委宣传部部长陈浙闽的关心和指导，得到了市委宣传部刘春雷、袁世军、王庆杰、薛向军、张龙飞等同志的帮助。更为有幸的是，中国工程院院士、天津中医药大学校长、中国中医科学院名誉院长张伯礼欣然命笔为本书作序，在此一并表示衷心感谢。